わたしのなつかしい1冊

池澤夏樹・編　寄藤文平・絵

毎日新聞出版

まえがき

池澤夏樹

湯川豊氏は我が畏友である。

優れた編集者で多くの作家を育てた（ぼくもその一人だ）。

その一方で氏にはまったく別の顔がある。フライフィッシングの達人、かつての小笠原豊樹の名訳の一節を借りれば「第一人者中の最高峰」なのだ（原作はロス・マクドナルド）。

フライフィッシングは釣りの中でも難易度が高い。渓流を遡行して、二十メートル先の岩の向こう側にフライ（疑似餌）をふわりと落とす。そういう仕掛けがあり技術がある。狙うのはもっぱらイワナとヤマメ。

まえがき

この人のエッセーに「イワナのもっとも堅固な隠れ家は、『昔』である」という忘れがたい一行があった。「二年前まではよかった」、「去年はよかった」、「この春はよく釣れた」などなど（湯川豊『イワナの夏』）。

以上はいわばまえがきの序。

読書についても同じことが言えると思うのだ。この本は毎日新聞、土曜日ごとの「今週の本棚」という書評欄の一角にある「なつかしい一冊」という回り持ちのコラムを集めたものだ。そこに寄藤文平さんの秀逸な挿絵が押し入る。

書評欄は基本的には新刊書しか扱わない。刊行から三月も過ぎると「鮮度がねえ」、ということになる。

もちろんそれでいいのだ。書評とは生まれたて、ぴちぴちの

池澤夏樹

本に出会った喜びで一気に書くものであるから。

しかし、本当によい読書の記憶は「昔」の中にある。若い時に読んだものほど心の深層に定位していて、折に触れて浮上してくる。そういう体験を語ってもらいたい、というのがこのコラムを提案した時のぼくの思いだった(ぼくは丸谷才一さんから「今週の本棚」の顧問のような役を受け継いだ)。

若い時はまだ本を読む力が足りない。むずかしいと思って途中で放棄することも少なくない。ところが、何年もたって、何十年もたって、そういう本が帰ってくる。今ならば、世間に揉まれた今のあなたならば、読めますよという顔で目の前に現れる。

そんなに劇的でなくて懐かしさだけでも再会・再読は試みるに値する。作家の中村真一郎さんは年に一度はスタンダールの

『パルムの僧院』を読み返すと言っておられた。石川淳の『白描』に出てくる愚物の夫を持った賢い夫人は『源氏物語』だけを読んで日を過ごしていた。

古典とはそういうものであり、本を読む者の一人一人にそういう古典がある。

二〇二一年六月　札幌

目次

目次

目次

目次

目次

毎日新聞「今週の本棚」
キャラクター
ナツキ（オコジョ）

登場する本のデータは
２０２１年６月現在のもの（一部品切あり）。
それぞれの文章の末尾には、
毎日新聞掲載時の日付を記載しています。

1

物語が教えてくれた

№.1－№.19

№.1

池澤夏樹・選

オオカミに冬なし

クルト・リュートゲン＝作　中野重治＝訳

岩波書店

最初に読んだのは一九六四年の初版のすぐ後だったと思う。ぼくは十九歳だった。「実地にあった話」に基づいたフィクションで、原語はドイツ語。

一八九三年の冬は異常に早く来た。北氷洋の捕鯨船はアラスカ最北のバロー岬に集結してから南に帰るのが常だが、帰途につく前に海が結氷してしまい、二百名以上が閉じ込められた。春まで生き延びるのはむずかし

い。

アラスカ南部にいた二人の男が救出のプランを立てる。半ばまで人間の管理下にあるトナカイの群れを食料として届けようというのだ。風雪、地形、寒気、エスキモーとの文化の差、トナカイや犬《いぬ》橇《ぞり》の犬たちの不服従などなど、いくつもの難問が立ちはだかる。

他の冒険の事例が二つ組み込まれて大著になっている。一八七一年、失敗に終わった北極点到達の試みから隊員たちを救出したエスキモー＝ジョーという男の活躍と、一八六七年にカナダ最北部の滝を見るべく旅に出た二人の男の悲惨な末路。

むかし読んだ時はもっぱら冒険の細部に目が行ったと覚えている。改めて読み返してみて、作者の力点がむしろ倫理にあることに気づいた。二人の男、ジャーヴィスとマッカレンは何百キロも北で餓死を待つ二百人の見知らぬ男たちを救おうという、誰もが無理だと言う試みに立ち上がった。ジャーヴィスは過去に勝手な冒険心から負った心の傷を抱えている。旅の途中でも、目の前で死にかけている人や犬を救うか、あるいは大義である二百人の救出のため先を急ぐかという選択、今で言うところのトリアージュを迫られる。こういう問題を巡って二人の男が荒れ狂う吹雪のテントの中でひたすら議論する。

№.1

池澤夏樹・選

今回の再読では訳者が中野重治であったことに納得した。本書の倫理観はいかにもこの作家・詩人にふさわしい。「今までの生涯に、尊敬する値うちのあるようなことを、あまりやってきていない」男の前にその機会が「思いもかけずあらわれてきた」のだから「それをとっつかまえなけりゃなりません」とジャーヴィスは言う。

この本を読んでから何十年もたってぼくは『エンデュアランス号漂流』（ランシング著、新潮文庫）を読んだ。南極点を目指す計画が上陸の時点で破綻。しかし隊長シャクルトンは二十八名の隊員を全員生きて連れ戻す。これも名著だが、こちらには倫理的葛藤という話題はない。

（2020年4月4日）

№.2

益田ミリ・選

窓ぎわのトットちゃん

黒柳徹子＝著

講談社文庫

寝転がってページをめくった。

誰もいない昼下がり。タンスやテレビに囲まれた狭い6畳の居間。テーブルの上には黒柳徹子さんの『窓ぎわのトットちゃん』。母が誰かに借りたのだろうか。いわさきちひろさんのイラストの表紙がかわいくて手がのびた。

中学2年生の秋。中間試験の真っ最中だった。試験期間は部活も休みで早く家に帰って来ら

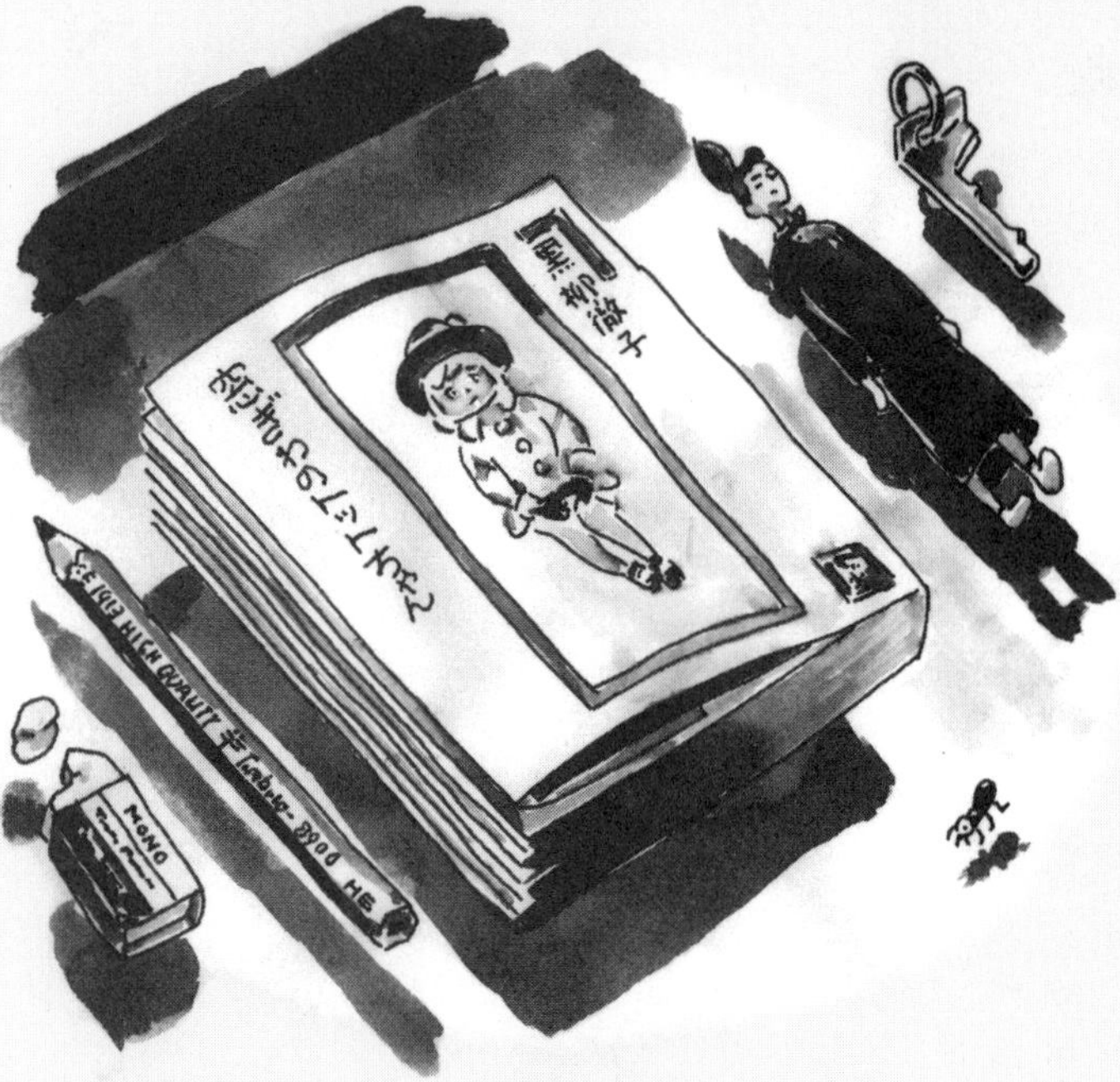

れる。勉強しなくちゃと思いつつ、読み始めると止まらなくなった。

トットちゃんは小学1年生の女の子。飼い犬との遊びがエスカレートし、耳を噛《か》まれた彼女は血だらけになった。おろおろする両親に、

「痛くなんかない！　ロッキーの事、怒らないで！　怒らないで！」

必死に犬をかばった。

怪我をした兵隊さんを慰問に

№.2

窓ぎわのトットちゃん

いったある日のトットちゃん。他の子たちが馴染みの童謡を披露する中、その場の誰も知らない「お弁当をたべる前に歌う歌」を一生懸命に歌っておじぎした。

こみ上げる涙をこすりながら読み終えたとき、それまでに感じたことのない何かがわたしの胸中に広がっていった。

机に向かいノートを開いた。書きたかった。自分のことを。子供の頃の自分のこと。わたしはまだ全部を覚えている。だって、ほんの少し前まで小学生だったのだから！

けれども、書き始めてみるとうまくいかなかった。たくさんの思い出がこんなにもクリアに頭の中にあるのに、それを表現できないもどかしさ。黒柳さんの、あの美しくやわらかな文体がどれほどすばらしいかなど、当時のわたしにわかるはずもなく、半ページも埋まらぬうちに投げ出してしまった。翌日の中

№.2

益田ミリ・選

間試験がどうなったのかは記憶にない。

試験が終わり、仲良しの友達と自転車に乗って遊びに行くことになった。前を走る友の背中に向かってわたしは言った。

「わたし、物語、書いてるねん！」

速攻で挫折したくせに、なんだか言わずにはいられなかった。

友は「ハ？」という顔で振り返り、

「どんな話ー？」

と聞いた。

「自分の話！」

わたしはペダルを漕《こ》ぎながら答えた。


（2021年4月3日）

№.3

江國香織・選

時の旅人

※岩波少年文庫からも刊行

アリスン・アトリー＝作　小野章＝訳

評論社

二十世紀前半のロンドンに住む少女ペネロピーが、十六世紀のダービシャーに何度も滑り込んでしまうこの物語の、ためいきがでるようなおもしろさと繊細な美しさをどう言えばいいだろう。ペネロピーの一族には透視力のある者がときどき生れる、と語られる半面、ペネロピーは空想好きだとももまた語られ、彼女のタイムスリップがそのどちらによるものなのか曖昧なまま、でも読者は確かにそ

こに連れて行かれる。鍵となるのはダービシャーにあるペネロピーの大叔母の家で、彼女はそこに滞在することで、するっと十六世紀に滑り込む。それはつまり、都会の娘が田園地帯にでかけてその土地を味わい、さらに過去にでかけて史実を目撃するという二重の旅だ。

　十六世紀のその場所にはアントニー・バビントンという荘園主がいて、スコットランド女王メアリーを幽閉生活から逃亡させようと画策している。彼に仕える女中頭がペネロピーの祖先で、現実の大叔母に似ている。舞台も基本的におなじ屋敷とその周辺で、だから読者はペネロピー同様に、一つの場所の二つの貌《かお》を見ることになる。

政治と宗教にからめとられた女王メアリーとバビントンの悲劇（二人の末路をすでに知っていて、どうすることもできない少女ペネロピーの気持ちたるや！）、彼らの周辺の素朴で魅力的な人々、田園風景の美しさ――。私は二十歳のころに読み、この世界から現実に戻りたくないと思ったものだったが、今回読み返して、またそう思った。

ともかく圧倒的な描写力なのだ。風景のみならず、当時の家具や衣服や生活道具、世界の色や音や手触りや匂い（とりわけ匂いはすばらしい。古いものの、新鮮な外気の、さまざまな薬

№.3

江國香織・選

草の、焼きたてのパンや洗いたてのリネンの、一日中働いた男たちの足の、床に敷きつめられたスミレの、匂い匂い匂い）。「焼リンゴの上にクリームを一杯かけて雪ダルマにして食べ」るとか、「蜜シロップをつけて焼き丁字の薬味をつけたハム」とか、おいしそうなものがたくさんでてくるのも愉《たの》しく、「上にニクズクク、ラズベリー、クリームをのせたジャンケット、まるまる一メートルの長さの大きな凝乳のパスティー、黄金色にふっくらとしていて薬味がちりばめてある」という一文など、ほとんど何のことだかわからないのに、胸がときめく。

幼年童話の名作をいくつも残しているアトリーだけれど、この本にこそ本領が発揮されていると私は思う。

（２０２０年４月25日）

№.4

河瀬直美・選

ムーミン谷の彗星

トーベ・ヤンソン＝文・絵　下村隆一＝訳

講談社

懐かしい「一冊」ではないのだが、懐かしい「いきもの」ムーミンが登場する作品である。作者のトーベ・ヤンソンさんはフィンランドの芸術一家に生まれた。幼い頃から物語を考えるのが大好きで、学校の行き帰りにそういった時間を費やしていたそうだ。私自身、ムーミンとの出会いはテレビ漫画である。おかしな「いきもの」たちがそれぞれの生き方を尊重しながら、関係を結んでゆく物

語は幼い私には、不思議すぎて夢の中を旅しているようだった。今、改めてトーベ・ヤンソンという作家の中に宿っていた「人間とは」という問いかけに向き合ってみる。

　ムーミン全集［新版］全九巻中、一番はじめの「ムーミン谷の彗星《すいせい》」という作品にはムーミンのパパやママも登場するし、お馴染みのスナフキンという放浪の旅を続けている自由と孤独を愛する人物も登場する。この

№.4

ムーミン谷の彗星

スナフキンが作中「なんでも自分のものにして、持って帰ろうとすると、むずかしくなっちゃうんだよ」と囁《ささや》く。それは、ムーミンの友達のスニフがとても美しく赤い宝石を見つけて持てるだけ持って帰ろうとした時に、大トカゲに襲われそうになって、結局何も手にできなかった。その時に囁かれた言葉だ。スナフキンは続ける。「ぼくは見るだけにしてるんだ。そして立ち去るときには、頭の中へしまっておく。ぼくはそれで、かばんを持ち歩くよりも、ずっとたのしいね」。多くの人はスニフのように願わくばすべてのものを自分のものにしたいと思うだろう。けれど、自由と孤独を愛するスナフキンは「自分できれいだと思うものは、なんでもぼくのものさ。その気になれば、世界中でもな」と言い放つ。

本書は彗星がやってきて、地球が滅びてしまうことをなんとか止めようとしてムーミンが「おさびし山」へ旅をする冒険物語である。

そんな危険な旅をしようとしている子供にママはせっせと旅の準備を手伝うのだ。そうしてパパも一緒にムーミンを送り出す。もしも離れ離れでいる間に彗星がやってきて地球が滅びたらどうするつもりなんだろう。残された時間が短ければ、出来るだけ一緒にいたいとは思わないんだろうか。私はそこで考える。彼らは親子と言えども、一人の人としてそれぞれの関係を築き、尊重しているのだ。それはヤンソンさんがご両親から得た愛だろう。そして彼女が私たち読者に伝えてくれる愛でもある。小さなウイルスに脅かされる人類は今、その愛の形を模索している。

（2020年5月16日）

№.5

小川洋子・選

トニオ・クレーゲル
ヴェニスに死す

トーマス・マン＝著　高橋義孝＝訳

新潮文庫

新型コロナウイルスのために封鎖されたヴェニスの様子をニュース映像で目にした時、トーマス・マンの『ヴェニスに死す』を読み返したくなった。無人の回廊、風になびくカーニバルの名残の旗、黒いシートを被《かぶ》せられたゴンドラ。そうした風景から、黄ばんだ文庫本の一ページ一ページが、よみがえってくるようだった。

大学生の頃、「ベニスに死す」を観に行った高田馬場の映画館

で痴漢に遭い、途中で帰らざるを得なくなった。ひどく気分が悪く、堂々と抗議できなかった自分に腹も立ち、むしゃくしゃした心を鎮めるために、早稲田通りの古本屋さんで原作の文庫本を買った。今でも手元にあるそれには、裏表紙に鉛筆で￥100と書いてある。

　映画では、ビョルン・アンドレセン演じる少年の美しさが印象深いが、改めて小説を読むと、冒頭からラストまでを覆いつくす濃い死の気配に圧倒される。最初の一文に既に、〝数カ月にわたってヨーロッパに深刻な危機的様相を与えた一九……年春〟という、暗示的な記述がある。さらに主人公のアシェンバハが旅に出る決心をしたのは、散歩の途中、墓石工場で出会った見知らぬ男に、にらまれたのがきっかけだった。まさに死の世界からの使者に導かれた、と言える。

ヴェニスの空気はよどみ、入江からは何かが腐ったにおいが立ち上っている。ゴンドラはまるで棺のように波に揺られている。やがてそこに薬品めいたにおいが混じりはじめ、どこからともなく、〝例の病気〟というささやき声が聞こえてくる。街には、二、三日のうちに交通が遮断されるとの噂が流れる。

そんな中アシェンバハは、〝ものの根源と神々の誕生とについて物語る詩人の言葉のよう〟に美しい少年に魅入られ、死の

№.5

小川洋子・選

渦中へと足を踏み入れてゆく。アシェンバハには、ポーランド人の少年の喋《しゃべ》っている言葉が分からない。名前さえはっきりとは聴き取れない。少年を追う彼は、意味の通じる言葉によって整えられる以前の、原始の世界を見ている。神々の言葉を通訳する詩人の声に耳を澄ましている。そこがこの世ならぬ場所であると、もちろん、彼は気づいていただろう。

ひたひたと迫ってくる疫病の前で、無力に立ちすくむアシェンバハの姿を、誰も哀れと言って切り捨てることはできない。優れた文学は必ず、作家の意図を超えて未来とつながっている。そのことを今、証明している小説だ。

（2020年6月6日）

№.6

中島京子・選

赤頭巾ちゃん気をつけて

庄司薫=著

新潮文庫

手元にある中公文庫版は1980年発行の25版で、私は高校1年のときに読んだ。単行本が出てから10年以上経っているが、薫くんシリーズ最終作『ぼくの大好きな青髭《あおひげ》』が出たのは1977年のことで、まだ庄司薫さんは現役感があり、私のまわりの人はだいたいこのシリーズを読んでいた。

出版当時からサリンジャーの『ライ麦畑でつかまえて（キャッチャー・イン・ザ・ライ）』

と比較されたけれど、ティーンエイジャーの饒舌《じょうぜつ》体小説としては、日本語で思考された本作のほうが読みやすいし、後進の日本語作家の文体に強く影響したのは、どちらかといえば『赤頭巾ちゃん』ではないかと、私はひそかに思っている。

村上春樹さんは、春樹以降に出た作家たちに決定的な影響を与えた一人称文体で知られ、かつ、サリンジャーの翻訳者でもあるわけだが、読者の質問に答

№.6

赤頭巾ちゃん気をつけて

えた『少年カフカ』という企画の中で、『キャッチャー』と『赤頭巾ちゃん』シリーズを大学生のときに「リアルタイム」で読んだと答えている。村上さんの文体にも、『赤頭巾ちゃん』の影響はあると推測する。それから、『青髭』が出るのと同じ年、橋本治さんが『桃尻娘』を書いて小説家デビューする。女の子の饒舌体小説で度肝を抜いた『桃尻娘』も、『赤頭巾』シリーズの影響下に書かれたと言えるのではないだろうか。

大学紛争で東大入試が中止になった年の都立日比谷高校三年生、薫くんが語り手という設定じたい、いきなり読む若い読者には説明が必要だし、「サンパ」とか「ミンセー」とか「あなた、ケーコートーね」とか「ラリパッパ」といった当時の流行語には、いまや脚注が必要だろう。

そのうえ、感動的なラスト、薫くんがたどりつく「大きくて

№.6

中島京子・選

深くてやさしい海のような男になろう」という決意でさえも、「(ガールフレンドの由美が)無邪気なお魚みたいに楽しく泳いだりはしゃいだり暴れたりできるような」という前提に、現代の女性読者はひっかかるかもしれない。

けれど、久しぶりに読み返してこの「饒舌体」の(語義矛盾的ではあるが)ムダのない「饒舌さ」に驚き、かつ、柔軟な若い読者に、自分の頭で考える方法とプロセスを提示したことの功績にもあらためて思い当って、この本が自分を育てた一冊であることは疑いようもないと感じた。

なお、高校・大学時代に書いたが日の目を見なかった私の長編第一作は、あきらかに本作を真似した饒舌体小説だった。

(2020年7月11日)

№.7

落合恵子・選

はなのすきなうし

マンロー・リーフ＝文　ロバート・ローソン＝絵　光吉夏弥＝訳

岩波書店

朱赤の表紙の小型絵本。ペン画で描かれた一頭の牛がひょいとこっちを振り向いている。一輪の花を茎ごとくわえた、ふぇるじなんど、である。

スペインの牧場で、ふぇるじなんどは母牛と暮らしていた。ほかの子牛たちは暴れん坊で、飛んだり跳ねたり角でつっつきあったりしていたが、彼は違っていた。牧場のコルク樫《がし》の木陰に座って、花の香りを嗅いでいるのが大好きな、ちょっとユ

ニークな子だった。母牛は、いつもひとりというか、一頭でさびしくはないか心配した。と、こうしているのが、「好きなん」です。

はじめてこの絵本に接したのはいつだったか。ぼーっとひとりでいるのがなによりも好物だった遠い昔の女の子は、ふぇるじなんどに共感した。母牛の存在も、自分の母親と重なった。

しかし、彼はひょんなことからマドリードに連れていかれて

№.7

はなのすきなうし

闘牛に。「猛牛」と喧伝されていたが、煽《あお》られても攻められても闘わず、観客席の女性が帽子に飾った花の香りにうっとり。使いもんにならんと牧場に戻された。こうして彼は、今日も大好きなコルクの木陰で静かに花の香りを嗅いで、「とても　しあわせでした」。

毎年8月になると再会してメディアで紹介してきた一冊だが、今年は巣ごもり期間に再会。どことなく不穏で猛々しくもある時代の閉塞感に疲れて、本書に会いたくなったのだ。米国で刊行されたのが1936年、スペイン内乱の最中。厭戦反戦的だと問題になったとも言われるが、著者のマンロー・リーフは闘わない子牛について、好もしい趣味と優れた個性に恵まれていたからだろう、と答えたそうだ。

本書を開くたびに笑ってしまうのは、コルクの木の絵である。

№.7

落合恵子・選

絵を担当したロバート・ローソンのいたずら心からか、枝にはワインの栓のようなコルクが鈴なりになっている。これって、コルクの実？　誰か教えて。

ともかく、緊張を強いて煽るようなことに、わたしたちの税金を使わないことだよね、ふぇるじなんど。このコロナ禍、医療破綻は再度そこまで来ていないか？　繰り返される豪雨や洪水の被害をみても、市民のいのちと安全と安心にこそ税金は使うべきだよね、ふぇるじなんど。そして子牛だって人間だってみな、それぞれ違っていいんだ、違いから互いを学びあう楽しさがあるんだよね、ふぇるじなんど！

間もなく75回目の終戦の日がやってくる。

（2020年8月1日）

№.8

永井愛・選

外套・鼻

ゴーゴリ＝作　平井肇＝訳

岩波文庫

※光文社古典新訳文庫からも刊行

ゴーゴリの「外套」を読んだのは15歳の頃だった。絵描きの父がジュニア版世界文学『外とう・鼻』（偕成社）の挿絵を描き、その本がもらえたからだが、挿絵を描いている最中の父がしきりに面白がっていたことに、まず読む気をそそられた。

ジュニア版で、難しい漢字はかな表記になっていたが全訳である。シニカルな文体が繰り出す笑いはとても知的に感じられ

たし、濃密な人物描写は、今に通じるリアリティーがあった。家と学校だけが全世界の中学生にとっても、この帝政ロシアの下級官吏の話は「あるある」満載だったのだ。

主人公のアカーキイ・アカーキエヴィッチは、役所の万年書記。上役からは邪険に扱われ、若い官吏には笑い者にされながら、清書の仕事にささやかな喜びを見出《みいだ》している。似た光景はクラスにもあった。ひたすらお

№.8

外套・鼻

となしく、生真面目な子が集団的なストレスのはけ口にされてしまう。そういう子の心中をアカーキイは初めて想像させた。

彼の外套はすり切れ、新調しなければならなくなるが、登場する仕立屋の酔っ払いぶりや、女房とのバトルがまたご近所に「あるある」で、自分にも覚えのあるカッコ悪いふるまいが、高度な人間描写として文学に昇華されているのに驚いた。

最も好きなのは、経済的な痛手でしかなかった外套の新調が、やがてアカーキイの生きる目的に変化してゆくくだりだ。新しい外套が幸せな未来を運んでくるように思え、それにつれ彼はしっかりとした、溌剌《はつらつ》たる態度をとるようになる。この変化の描写は「あるある」を超え、奥深い人間の生命力をとらえたものとして深く共感させられた。

外套を初めて着た日の夜、アカーキイはあっけなく追いはぎ

No.8

永井愛・選

に外套を奪われる。被害を訴え出る先々で彼を冷たくはねのけたのは、非人間的な官僚主義だ。彼は失意のうちに息を引き取る。

ここで終わらないのがいい。アカーキイの幽霊が夜な夜な街に現れて、人々の外套を奪おうとするのだ。生前彼を怒鳴りつけ、侮辱した高官も上等の外套を奪われる。それを最後にアカーキイの幽霊は消えた。が、すぐに別の幽霊が現れて……。

喜劇的な手法でしか描けない悲劇があることを知った。戯曲を書き始めたとき、漠然と頭にあったのは、ゴーゴリのような手法で自分を取り巻く世界を描けないかということだった。公文書の改ざんを平然と命じる政権下で、コロナ禍を乗り切ろうとする人々を、ゴーゴリならどう描くだろう。日本にも、多くのアカーキイが彷徨《ほうこう》している。

（2020年9月5日）

№.9

持田叙子・選

どくとるマンボウ青春記

北杜夫＝著

新潮文庫

忘れはしない。出会いは昭和47年、当方は小学6年生。中学受験をめざし苦しんでいた。なぜか受験者名はあらかじめ全クラスに告示されていた。落ちたら皆に知れる。いかにその屈辱に耐えるか。そればかり考えていた。冴えなかった。そんなとき父の本棚にこの一冊を見つけた。視界が明るくひらけた。とんでもなく自由な若者が次々に登場する。彼らは奔放に行動し、のびのびと失敗する。

どくとるマンボウ
青春記
北杜夫
Nur wer die Sehnsucht kennt,
weiß was ich leide.

どのページにも無数の笑いの風船が浮かぶ。姉に教えるとすぐハマった。近所の仲よし、ミエちゃんにも貸した。肩を笑いで震わせて読んでいた。私たちはそれほど笑いとユーモアの文化に飢えていたのだ。

　舞台は信州の旧制松本高校。アルプスをのぞむ名門校は、昆虫少年の著者「私」のあこがれで、夢がかない入学したのは戦争末期。空襲で東京の家は焼け、命がけでたどりついた。「松

№.9

どくとるマンボウ青春記

高」の名物は学生の自治による寮生活。内気なはずの「私」は寮の委員となり、自治と自由を死守すべく大活躍する。まず食糧の買い出し。リュックでカボチャを背負って帰ると、窓からみんなが「バッキャロー」と讃えてくれる。「いっそカボチャと討死してもかまわぬ」と感動する。古きよき伝統のストームを復活させ、試験の「総サボ」も敢行する。夜通し議論する「ダベリ・コンパ」で寝るひまもない。

軽快な筆でつづられる教授群も傑作だ。数学の先生ヒルさんは松高を愛しぬく。世俗の常識と無関係に生きる。荒縄をきものに巻き、学校の弓道場に住んでいた。ある先生は授業中に「やめまっしょ!」と叫ぶ生徒に白墨を投げ、「野郎ども、束になってかかってこい!」と叫ぶ。「私」は酔っぱらい、二人の先生の頭を叩いてしまう。一人は怒るが、一人は「なんでなぐら

№.9

持田叙子・選

れたのかわかりませんでしたよ。エヘヘヘ」と柔和に笑う。この先生こそドイツ文学研究の至宝・望月教授で、「私」をリルケやトーマス・マンの世界へ導く。

よい本はよい本を伝える。バンカラ高校生の愛するマンの『魔の山』やシュティフターの山岳小説『水晶』とはどんな作品か、自分でも読みはじめた。おとなの本の世界に入った。何より上質なユーモアの価値を知った。暗く厳しい時こそ、ふわっと笑う。それで空気がなごむ。今も正直、得体のしれぬウイルスの霧が恐い。心中ひそかに「バッキャロー」「やめまっしょ！」などと松高ことばを叫び、呼吸をととのえている。昭和を代表するこのユーモア文学の恩恵はまことに深いのである。

（2020年9月12日）

№.10

村上陽一郎・選

シラノ・ド・ベルジュラック

エドモン・ロスタン＝作　辰野隆　鈴木信太郎＝訳

岩波文庫

「なつかしい」と言えば、何を措《お》いても、装丁が眼を引く『漱石全集』と、そして本書だろう。私が小学校二年生くらいから、少しずつだが、父親の書棚から取り出した本を読み始めた頃の、取っておきの二つである。本書は、今三種類の翻訳があるようだ。ここで扱うのは最も古い大正十一年初版のもの。父親の書棚にあったのは、まさにそれで、友人に貸したまま行方しれずで、今はない。た

だ、内容は現在の岩波文庫と実質上変わらないはずだ。

深遠な哲学書でも、好趣の薫り高い文芸書でもない、要するに戯曲の脚本のようなこの本が、何故私を虜《とりこ》にしたのか、と言えば、その中のたった一行、「恋しい人の目に宿る嘲《あざけ》りが恐ろしかった」が、私の生涯を左右するほどの衝撃を与えたからだ。母にさえ疎《うと》まれる醜貌の詩人シラノが、従妹の佳人ロクサーヌへの思いを語る言葉なのだが、およそ男女のことなど碌《ろく》に判っていない少年であった私には、これこそ普遍の真、自分自身にも完璧に当て嵌《は》まると信じたのだった。

漱石は、シェイクスピアの『十二夜』を論じた評論の中で、男装のヴァイオラの台詞《せりふ》を引いて、「実らぬ恋」こそ真の恋であることの証とするが、思いをかけた相手に、その思いの片鱗だに知られた時に、返ってくるのは嘲り、憫笑《びんしょう》に過ぎない、それがこの世の真実だと私は思い込んだのである。

以来、私は、自分が本当に望むものは、手に入れるべきではない、というルールを身に課すことになった。ここでの「べき」は可能であると同時に、義務の意でもある。

付け足しになるが、その後科学史などに手を染めるようになって、実在のシラノの月世界旅行記（翻訳は、例えば赤木昭三

№.10

村上陽一郎・選

訳『日月両世界旅行記』岩波文庫）は、ロスタンの戯曲の中にも、恋敵ドギッシュ相手のシラノの長広舌にも利用されているが、それを読むに及んで、ケプラーの『夢』（翻訳は、渡辺正雄・榎本恵美子訳『ケプラーの夢』講談社学術文庫）との重なりなどが見えてきて、思いがけない副産物を得たのも嬉しかった。

もう一つ、恐ろしく個人的なことだが、記憶の中にある書物の扉に残されていた鉛筆の跡から察するに、確かめたことはないが、この本は、結婚する前の父が、母に贈ったものらしい。リゴリスティックだった父の、垣間見せた一面のようで、そんなことも「なつかしさ」に彩を添えている。

（2020年9月19日）

№.11

荒川洋治・選

運命

国木田独歩＝作

岩波文庫

中学のとき、〈少年少女日本文学選集〉の第八巻『国木田独歩名作集』（あかね書房）で、「馬上の友」「画《え》の悲《かなし》み」を見つけた。ぼくの最初の読書だと思う。いまは岩波文庫の作品集『運命』に収録。懐かしいのでよく読み返す。

「馬上の友」は一五歳のときの、「かし馬」の家の友だち。彼は貧しくて学校に行けない。こちらは遠くの学校へ進むことになり、彼は馬に乗って見送ってく

れる。もうここでいいから、というと、「もすこし」。そのあと無言で別れる二人の姿はいまも鮮やか。胸にせまる。「画の悲み」の少年は負けず嫌い。同じく画が上手で、性格温順な友だちのことが好きではない。ある日、画をかいている彼と、ことばを交わす。「君は何を書いて居るのだ」。二人はそれから、だいの仲良しになる。いっしょに画をかきに、野原を歩く。歳月が流れ、彼が一七歳で病死し

№.11

運命

たと知り、ともに歩いた野末に行き、涙を流す。ふとしたことで友だちになる。嫌いと思っていた人と心が通う。きっかけはどれも一瞬のことだが、ことばにならないほど神秘的なものだ。こうした人間の大切な場面が明治の時代から、ていねいに扱われていたことをあらためて知る。むずかしいところを一つ一つのりこえていく人生を、作者は明るく簡潔に記す。ときに広いところで見つめる。

おとなが出る作品もいい。漱石が絶賛した「巡査」。青年作家は、ふと知りあった巡査山田銑太郎のひとり暮しの部屋に招かれる。山田巡査は、いやあ、読まれちゃ困りますといいながら、引出しから自作の漢詩文を出したり。二人のようすは終始楽しい。温かみのある、美しい作品だ。「悪魔」は若き牧師の出現による心の渦巻きを新形式でつづる。このあとの日本文学にはない破格の名編だ。出身学校はどこなど、学歴で生きる人たちが、別の見方もするようになる「日の出」。どんなときも誰もが、このように別の見方ができると感じさせる。子どもとおとなが忘れてはならないことを描く。それが国木田独歩の作品だ。

塩田良平の解説によると、「近代作家として新らしい驚異の念を持たれ出したのは、この『運命』発行後といってよい」。『運命』（一九〇六）が出てから、その五年前の名作『武蔵野』（一九〇一）が、人々に読み返され、そこから独歩への評価が興ったらしい。すてきなことだと思う。いいものに出会うと心が明るむ。これからも、会いたくなる。それが独歩を読むことなのだと思う。

（2020年10月24日）

№.12

柚木麻子・選

ハイジ

J・シュピーリ=作　矢川澄子=訳

福音館書店

大人になって一番良かったことは、小さな頃、活字で読んで「これはなんだろう？」と不思議に思っていた食べ物を味わえることだ。ザリガニもプディングもオートミールも初めて食べた時は感動した。そんな中、今もなかなかチャンスに恵まれないのは「若草物語」のライムの塩漬けと「ハイジ」のヤギのミルクである。

「ハイジ」は小学校低学年の頃、のめり込んだ一冊だ。舞台はア

ルプスで、私が好きな寄宿舎やパフスリーブやお茶会は登場しない。一番気にしている食描写もほぼパン、ヤギのミルク、チーズのみ。でも、他の児童文学と決定的な違いがあった。それは、クララの家でロッテンマイヤーさんから授業を受けるようになるまで、ハイジが誰からも叱られないところだ。「長くつ下のピッピ」の主人公も同じく叱られないキャラクターだけれど、彼女は経済的に自立して

いるので、例外とする。

誰からもこれは駄目だとか、こうあれと強制されることなく、アルムの山でのびのび生きるハイジはいつもリラックスしているがゆえ、視野が広いし、アイデアが豊富だ。自己肯定感が高く、決断に迷いがない。他人と距離を詰める時も力みがなく、親切も押し付けがましくならない。作者J・シュピーリは自然や信仰の素晴らしさを強調しているが、本来、ハイジはどこで何をやっても生きていけるタイプだ。スパルタ教育さえ受けなければ案外、都会でもサバイブできたのではないだろうか。物語のどこを切り取っても、ハイジが恥ずかしかったり惨めな思いを糧《かて》に成長する、という描写がまったくない。それだけで、不安だらけの子供にとっては、幸せな読書体験だった。かといって、大人たちに甘やかされているというのでもない。おじい

№.12

柚木麻子・選

さんもお医者さんもクララのお父さんもペーターのおばあさんも、みんなハイジを個人として尊重し、対等な立場で熱心に話を聞いてくれる。ハイジの意見が通り、みんなの環境がどんどん良くなるのは、どんな冒険よりも痛快に感じられた。

クララがアルプスに来て突然健康になったのは、陽射しとヤギのミルクに含まれるビタミンDの影響である、という説がある。私は肺疾患があるため、春からずっと自粛生活を続けている。そういえば、主治医にビタミンDを摂《と》るように言われたばかりだ。クララやハイジのようにもっと陽にあたろうと思うのと同時に、今度こそヤギのミルクを取り寄せるいいチャンスかな、とも考え始めている。

（2020年11月14日）

№.13

川本三郎・選

飛ぶ教室

エーリヒ・ケストナー＝著　池内紀＝訳

新潮文庫

少年時代は友情の季節である。男の子たちにとっては友情が何よりも大事になる。そうでない奴なんかくたばればいい。

ドイツの寄宿制の学校、ギムナジウム（小学校四年のあと入学する九年制の高等学校）の五年生の少年、五人の友情物語。

彼らは共に不正と戦う。仲間が危険になればたとえ規則を破って罰せられても助ける。名誉を守るためには時に喧嘩も辞さ

ない。昔、どの町にもいた、まっすぐな男の子たちだ。

優等生で正義感の強いマルティン、決してガリ勉ではない。進んで喧嘩にも行く。両親に捨てられ船長に育てられたヨーナタン、文才がある。とびきり頭が切れるためにどこか孤高のセバスチャン。将来、ボクサーになることを夢見ている腕っぷしの強いマティアス。彼がいつも守ろうとするチビで気の弱いウーリ。五人それぞれが個性的。

№.13

飛ぶ教室

私自身、中学、高校と男子校で育ったから彼らに感情移入出来たし、彼らの友情が羨《うらやま》しかった。クリスマスの物語だから、冬休みになるとこの小説を繰返し読んだ。彼らは十五歳くらいか。まだ異性への関心はない。女の子とデートをする上級生を軽蔑している。男の子は、あくまで潔癖なものだ。彼らは少年時代というユートピアにいる。

少年たちを見守る舎監先生の「道理さん」、のちに彼の学生時代の友人と分かる、廃車となった列車の禁煙車で暮している世捨人のような「禁煙さん」。二人の大人は少年たちに慕われている。男の子は、寛容の精神を持ったきちんとした大人には敬意を持つ。ダメな大人は軽蔑する。

ケストナーは子供にも悲しみがあるという。世の中にはどんなにがんばっても乗り越えられない社会の壁がある。それを知ったときの悲しみ。

優等生のマルティンの家は貧しい。クリスマスの休暇に家に帰りたいのに旅費がないために両親のもとに帰れない。「泣くのは厳禁」とけなげにも悲しみに耐えている。この少年が「道理さん」に優しい言葉をかけられ、初めて泣き崩れるところは大人になって読んでも胸を締めつけられる。

二〇一四年に新潮文庫に入って、簡単に読めるようになった。訳者は池内紀さん。訳者あとがきで書いている。この本が世に出たのはヒトラーが首相になった一九三三年。『教室』を出たあと少年たちにはいや応なく、ドイツ現代史のなかのとりわけ酷《むご》い歳月、『さまよい』の時が待ち受けていた」。彼らの無事を祈りたくなる。

（２０２０年11月21日）

№.14

中野京子・選

雨・赤毛

モーム＝著　中野好夫＝訳

新潮文庫

中学生になり、「少年少女文学全集」では飽き足らなくなって、父の書棚から面白そうなタイトルの本を選んで読むようになった。本さえあれば他に何もいらないような空想型人間だったので（いや、正確には、お菓子を食べるのと読書がセットだったからポッチャリ型人間と言うべきか）、まさに片端から読み漁《あさ》った。

そのうち好みが決まってくる。純文学は苦手で、昆虫や動物も

の、伝記や歴史もの、そして何といっても推理小説が時間を忘れさせてくれた。そんな中、モームの短編集『雨・赤毛』を手に取る。背表紙に「世界短編史上の傑作」と書かれていたのに興味を惹かれたのだ。純文学のようだけれども、短いから万が一つまらなくても傷は浅い（？）。なにしろ当時は一度読み始めた本は、どんなに退屈でも最後まで読み通すべきだとなぜか信じており、今となっては

№.14

雨・赤毛

とんだ時間の無駄も多かった。

さて、モーム。

まず「雨」を読む。ラストが十分には理解できなかったものの、執拗な熱帯の雨が露《あら》わにする人間性に衝撃を受けた。次の「赤毛」は中学生にもわかりやすかった。恋のさなかに引き裂かれた二人が、長い時を経て再会するとどうなるか、それをサスペンスとして読んだ。ドキドキしながら読んだ。そしてモーム独特の皮肉で意地悪なものの見方、鋭い観察力、そこから浮かび上がる人間の心の複雑で美しくて醜くて果てない迷路にすっかり魅了され、長編やエッセーも含めて10冊くらい立て続けに読んだ。

「雨」はその後も何度か読み返している。大人になっていろいろ知識が増えてくると、自堕落なヒロインがマグダラのマリア

№.14

中野京子・選

に重ねられていることや、いくつもの伏線が張り巡らされていることにも気づく。巧妙なモームは、敬虔《けいけん》で自己にも他者にも厳しい宣教師の容貌を描写するとき、痩身《そうしん》で頬がこけて死体を連想させるのに「唇だけがひどく肉感的」だと付け加えたり、宣教師がネブラスカの山の夢をよく見るようになったと聞かされた相手が、ふとその山が女性の乳房の形をしていたのを思い出す、といったような心憎いばかりの、また驚愕のラストに説得力をもたらす描写を随所にさりげなく差しはさんでいる。

意外な展開、的確な人間観察、とにかくモームは面白い。ただしあまり読み過ぎると、自分まで意地悪な皮肉屋になってしまう恐れがあるので、そこはご注意ください。

（２０２０年12月5日）

№.15

太田省一・選

時をかける少女

筒井康隆＝著

角川文庫

「島田淳子」という名を聞いてピンときた人は、私と世代が近いはずだ。

かつてNHKに「少年ドラマシリーズ」という十代向けのドラマ枠があった。夕方6時台の放送である。その記念すべき第1作が1972年放送の「タイム・トラベラー」で、その主演を務めたのが島田淳子だった。

彼女が演じる芳山和子は中学3年生。ある日、理科準備室でラベンダーの香りを嗅いだこと

がきっかけでタイムトラベルの能力を身につける。やがて同級生の深町一夫が遠い未来から来た未来人であることを知る和子。2人には恋愛感情も生まれて、というストーリーだ。

このドラマに夢中になった私は、原作が筒井康隆という作家の「時をかける少女」であることを知る。そこから、筒井の作品を読み漁る日々が始まった。

だが「時をかける少女」のようなものを求める私の期待は、物

№.15

時をかける少女

の見事に裏切られた。毒と風刺、パロディが満載の過激な作品のオンパレード。とはいえ結局、中学時代の私は筒井ワールドにどっぷりのめり込むことになったのだが。

話を戻すと、「時をかける少女」くらい繰り返し映像化された小説も珍しいだろう。テレビドラマやアニメにもなったが、やはりなつかしいのは原田知世主演、大林宣彦監督による映画版だ。

「時をかける少女」は、青少年向けのジュブナイル小説。そう言うと明るくさわやかな内容を想像するが、改めて読んでみると「別れ」こそがこの小説のテーマであることに気づく。

一夫は未来の世界に戻らなければならないことを和子に告げる。そして歴史の改変を防ぐため、自分の記憶を和子の頭からすべて消し去ってしまわなければならない。和子は記憶を消さ

№.15

太田省一・選

ないよう懇願する。だが、その望みは叶えられない……。SF的設定にもかかわらず、いやむしろそうだからこそ、誰もが思春期に経験する、そして人間的成長にとってある意味必要でもある別れの切なさがひしひしと伝わってくる場面だ。

小説はここで終わるのだが、実は映画ではその後の「再会」も描かれている。年月は過ぎ、原田知世演じる和子は大学で薬学の研究をする日々だ。そんなある日、大学の廊下でぶつかった男性に道を尋ねられる。相手は一夫だ。だがそのことに和子は気づかない。そして2人は別々の方向に歩き出す。そこに流れてくる原田知世の歌う「時をかける少女」。忘れられない場面である。

（2021年1月23日）

№.16

田中優子・選

長い長いお医者さんの話

カレル・チャペック＝作　中野好夫＝訳

岩波少年文庫

ある日のこと、いつものとおり夕飯がわりに赤ワインを飲んでいた。チーズが欲しくなって一切れ切った。フランスパンの小さな切れ端が目につき、そこにチーズを乗せてテーブルに戻り口に入れた。すると突然、木の切り株のような香りがしたのだ。部屋のなかにそれらしきものはない。しばらく考えているうちに、本の表紙が浮かんだ。そうか、カレル・チャペックの童話集『長い長いお医

者さんの話』だ！

私がチーズとパンで思い出したのは、子供のころに読んだその本に登場するお姫さまが、生まれて初めて切り株に腰かけて頬張った「チーズつきのパン」のことなのである。私はそれを、切り株とセットで覚えていたのだ。きっとそのころ、私もチーズつきのパンなるものを食べたことがなく、強く印象に残ったのであろう。

こういう話だった。姫が日に

№.16

長い長いお医者さんの話

日に弱っていく。王様は使いを出して「ドクトル」とつく人を連れてこさせた。連れてこられたのはドルヴォなんとかという木こりのおじいさんだったが、彼が姫の部屋に入るとそこは鬱《うっ》蒼《そう》たる森の中で日が当たらない。「これじゃ病気になるはず」と次々と木を伐《き》っているうちに姫は元気になり、木こりの弁当であったチーズつきのパンの香りにひきつけられ、ついに口にする。医者の話ではないが本来の医者とは何かを明確に表している。

カレル・チャペックはチェコの作家で、この童話集は1931年に刊行された。その英訳版を中野好夫が翻訳して出したのが52年、私が生まれた年である。たぶん、行きつけの古本屋でみつけて小学生のころに読んだのだと思う。光線でできている妖精の足の骨折を、外科医が治療する話もある。トンボの羽の

№.16

田中優子・選

膜をそえ木にして月光の中から青い光を取り出して包帯にする。すべてがはかなげでおぼつかない。その世界も忘れられない。その空気を表現しているイラストも素敵なのだが、これはカレル・チャペックの兄、ヨセフ・チャペックが描いている。

古本屋に出入りしていた私はアンデルセンもアラン・ポーもフランス詩集も古本屋でみつけて読んだ。どれもこれも忘れられないが、この本からさらに思い浮かんだのは1年と少し前に亡くなった中村哲《てつ》医師であった。医師であるからこそ、清潔な水を得るために井戸を掘り続けた。医者とは何か考えさせられる。この本には、砂漠に村や町を作った中村さんのような魔法使いまで出てくる。

（2021年1月30日）

№.17

あさのあつこ・選

人間の絆

モーム＝著　中野好夫＝訳

新潮文庫

※岩波文庫からも刊行

サマセット・モームの『人間の絆』を最初に読んだのは、高校生のときだったと思う。ときだったと断定できないのは、この作品がわたしの十代を濃く彩っているからだ。十代のどこかで出逢い、その後のン十年忘れることはあっても消え去ることはなく今に至っている。

ン十年の間にわたしは、十代の少女から大学生になり、社会人になり、結婚して親となり、物書きの端くれにぶら下がりな

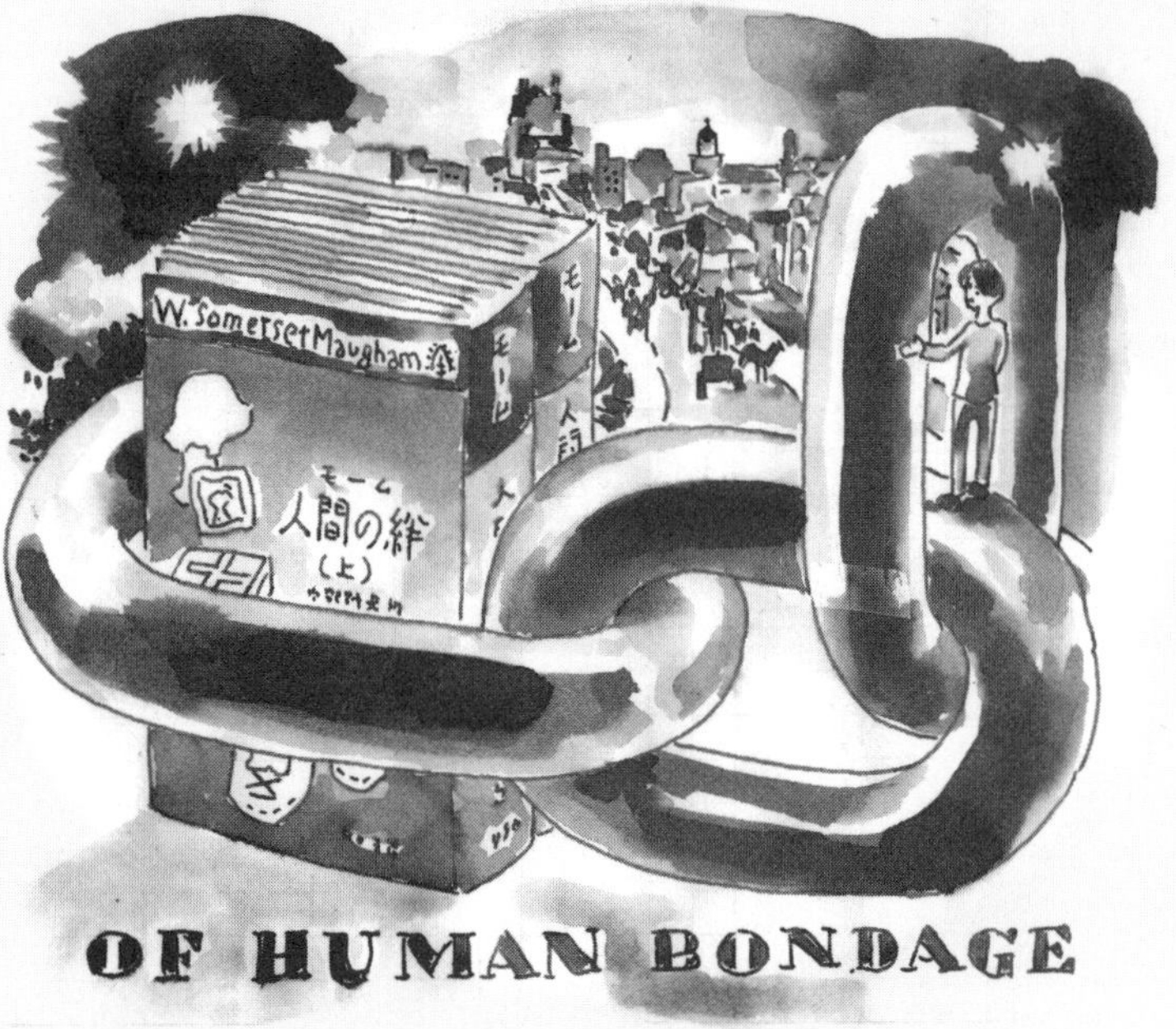

が生きてきた。少女と齢《よわい》ン十歳の今とでは、ほとんど別人、外見だけでなく思考とか感覚とか言葉の選別とか、人や政治や社会や運命や人生やその他諸々に対する向き合い方とか、全てが違っている。けれど、『人間の絆』はずっと変わらず手元にあった。今、わたしの書架に収まっている本作は、文庫版の上下だが大学生のときに買い求めたものだ。実家の年代物の本棚には別の『人間の絆』が仕舞わ

れている。

　なぜ、こんなにもこの作品に惹かれるのか。一度ならず考えたことは、むろんある。答えは、よくわからない、だ。惹かれていると臆面もなく書いたけれど、では、どんなストーリーだったのかと問われれば、言葉に詰まるだろう。そもそも、容易《たやす》くストーリーを語れるような本に、人は惹かれたりしない。「おもしろかった」、「つまらなかった」。そんな一言で片づけて脇に押しやる。語れないからこそ、押しやれないからこそ、心に深く食い込んでくるのだ。

　本物の小説は安易な説明も紹介も拒むけれど、鮮烈な記憶を残す。『人間の絆』には、わたしにとっての鮮烈な二つの光が存在した。

　一つ目は冒頭部分。まだ幼いフィリップが乳母に連れられて、

№.17
人間の絆

№.17

あさのあつこ・選

母の寝室を訪れ、横たわる母の傍らで眠りにつく場面だ。母親は死産をし、ために命を落としかけている。つまり瀕死の母と死の何をも知らない小さな息子との別離から『人間の絆』は始まる。涙も嘆きも悲痛もあるけれど、少しも湿っていない。夜明けの病室、色彩などほとんどないこの場面が信じられないほど美しいと、十代のわたしは感じ、驚いた。ほとんどモノクロの陰気な朝をここまで美しく描写できるものかと。

二つ目はミルドレッドという女性。フィリップを翻弄し続ける娼婦だ。そして、わたしが知った最も魅力的な女だった。自堕落で傲慢で享楽的な悪女には人間としての確かな手応えがあった。鮮烈な二つの光に眩《くら》みたくて、わたしは今でも時折『人間の絆』を手に取る。

（2021年3月27日）

№.18

小島ゆかり・選

中島敦全集1
光と風と夢

中島敦=著

ちくま文庫

なつかしい一冊であり、久しぶりに読めばまた、新しく感動する一冊である。中島敦の中篇小説（敦の作品のなかでは長篇）「光と風と夢」（ちくま文庫『中島敦全集1』など所収）。

「光と風と夢」は、『宝島』『ジキル博士とハイド氏』などがよく知られるイギリスの作家ロバート・ルイス・スティーヴンスンの、晩年とその死を描いた小説である。舞台は南太平洋の

サモア。多くは日記のスタイルで綴《つづ》られる。たとえば「鳩《はと》色《いろ》の明方」と語り出される朝明けの空の描写や、海を泳ぐ大きな黒い豚の話や。南洋の光と色彩はうっとりと美しく、南島の自然と人々の暮らしは、未知のゆたかさに満ちて魅力的である。

しかしわたしの感動の中心は、なによりもこんな自己告白の言葉。

「私は年をとればとる程、段々裸に、愚かになるような気がする。『大きくなれば解《わか》るよ。』と、子供の時分に、よく言い聞かされたものだが、あれは正《まさ》しく嘘《うそ》であった。自分は何事も益々《ますます》分らなくなるばっかりだ。……之《これ》は確かに、不安である。しかし又《また》一方、このために、生に対する自分の好奇心が失われないでいることも事実だ（後略）」。

学生時代に初めて読んでから、すでに四十年以上の歳月が流れたが、年を重ねるほどに、この言葉はいよいよ深く、心と体に沁み入る。

わたしもやはり、だんだん裸に、愚かになる感じがしきりにする。そして年々、世の中も人も自分自身もわからなくなる。

若いときには、「それはちがう」とか「そうに決まってるじゃない」と言えたことが、しだいに「そうなのかもしれない」とか「そうばかりでもないなあ」という内心のささやきに変わり、

№.18

小島ゆかり・選

やがて、説明しがたい「うーむ」や「むう」に……。そして大事なのは、だからこそ生きることはつねに、未知に向かって歩むことだと知るのである。

しかし驚く。スティーヴンスンの晩年はまだ四十代半ば。敦は三十三歳で早世している。敦の享年の倍近く生きたわたしが、ようやく追いついたこの感慨を、彼（あるいは彼ら）は、こんなに若く直感したのだ。

じつは敦にはおおよそ八百首の歌稿が遺《のこ》されていて、そのなかにこんな歌がある。

ある時はスティヴンソンが美しき夢に分け入り酔ひしれしこと

わたしは、小説「光と風と夢」に酔いしれる。

（2020年12月26日）

№.19

養老孟司・選

射程

井上靖＝著

新潮オンデマンドブックス

※『風濤』は新潮文庫

老人には、すべて懐かしいものばかり、でも古典になったら、その作品はいまでも生きている、ってことでしょ。井上靖は古典かなあ。ノーベル賞候補になった頃に比べたら、流行ってないと思うから、懐かしいという部類に入れていいですかね。毎日新聞とご縁があるし。

『射程』。大学生の時に読んで、東京駅から一時間、横須賀線を鎌倉で降りるはずが、二駅先の

東逗子で乗り越しに気が付いた。中身を覚えているかって、あまりよく覚えていない。とにかく憧れた女性のために射程を越えて破滅する男の話だった。若い時はこの種のロマンが大好きだった。いまならバカじゃないの、と思うだけ。

私も変わったけれど、世間が変わりましたね。ロマン的でなくなった。若い頃には周りの男どもがまさに男だったけれど、いまはちゃんとした人ばかり。

№.19

射程

男女の区別も判然としない。他の作品だけれど、夫婦喧嘩で旦那が家の柱を鋸《のこぎり》で切り出す挿話をよく覚えている。これも大好き。

家内と伊豆を旅して、木下杢太郎の記念館に行き、井上靖の育った家を探した。近所と思われる店で場所を尋ねたら、「知りませんね」とにべもなかった。研ナオコの生家なら、すぐそこだけどね、という。世間の認知度とは、まあ、そんなものでしょうね。

大学院生の頃、韓国の梨花女子大の年配の教授が来られた。しばらく東大に客員として滞在するとのことだった。むろんその年齢だと、日本語は達者である。最近の日本文学で面白い本はありませんか。そう訊かれたので、ちょうど手元にあった『風濤《ふうとう》』をお貸しした。翌日、即座に返してこられた。いかが

№.19

養老孟司・選

でしたか、と尋ねると、可哀想で読めませんでした、と言われた。小説一つとっても、これですからね。国際化などと簡単に言わないでいただきたいですね。

井上靖の夫人は、京都大学の解剖学教授だった足立文太郎の娘である。『比良のシャクナゲ』はその義父のことを書いている。足立は東大の解剖学教授だった小金井良精と親しく、『群舞』という作品は同じく東大の解剖学教授だった小川鼎三をモデルにしている。小川は雪男探検隊を組織して、ヒマラヤに出かけた。いまはそんなことをする人はいないでしょう。学者も世間の役に立つことをするようになりましたからね。

学者が真面目そうな顔をして、変なことをしていた時代が妙に懐かしい。

(2020年5月2日)

2

道に迷ったときに

№.20 − №.37

No.20

角田光代・選

リチャード・ブローティガン詩集
突然訪れた天使の日

リチャード・ブローティガン＝著　中上哲夫＝訳

思潮社

不思議なことに、会話をするわけでもないのに、私の家の猫はやさしい、ということがわかる。リチャード・ブローティガンという作家も、会ったこともないけれど、かなしいくらいやさしい人だとはっきりとわかる。そのやさしさは、本人をも傷つけただろうと思うほど。

私がこの作家に出会ったのはもの書きとしてデビューして一年後、作品は『リチャード・ブ

ローティガン詩集　突然訪れた天使の日』だ。それまで詩は苦手だったのに、この作家の短い言葉はすーっと、空気みたいに自然に胸に入ってきて、見たことのない光景を見せ、その光景の清潔さ、静けさに私は見入った。静かなのに、音楽っぽくもある。

　そして、不思議なやさしさがある。やさしいことは書かれていない。かなしいことも書かれていない。言葉は短く、唐突で、

№.20

リチャード・ブローティガン詩集

ちょっと皮肉っぽいユーモアがある。なのに、言葉と言葉の隙《すき》間《ま》から、行と行のあいだから、やさしさとかなしみが漏れ出してくる。それが、当時私がすがるように聴いていたロック音楽と似ていた。私は音楽を聴くようにくりかえし詩を読んだ。

描き出されるすべての光景をゆっくり眺め、そこで出会う人を無自覚に愛し、漏れ出るやさしさとかなしみをたっぷり浴びたあとで、訳者あとがきを読むと、そこに思い描いたとおりの作者がいて、昔からよく知っている人だと錯覚するほど「そのまんま」で、そのことに震える。あとがきに引用されている、寺山修司の葬儀に参列したブローティガンの追悼の詩もすごい。やさしさとかなしみがスパークしていて、泣いてしまう。訳者の中上哲夫さん、引用してくださってありがとうございます、と心から思う。

№.20

角田光代・選

ブローティガン詩集第二弾として、数カ月後、高橋源一郎訳の『ロンメル進軍』が出版された。ここにもやっぱり、すでになつかしく感じる「巨大な少年のような」作家がいて、清潔で静かで、ロック音楽によく似た世界を見せてくれる。やさしさとかなしみをたっぷり浴びることは、私にとってすでに癖になっている。それから私は日本語訳のある彼の著作を読みまくった。ずっと年上の、この世にもういない人とは思えなかった。

　今でも私はこの作家の言葉を読み返す。毎回、はじめて読んだときと同じく新鮮な印象を持つ。本のなかで、詩は書かれ続けている。作家は生き続けている。やさしさとかなしみは涸《か》れることがない。

（2020年4月11日）

№.21

堀江敏幸・選

孤島

ジャン・グルニエ＝著　井上究一郎＝訳

ちくま学芸文庫

大学に入って間もない頃、ジャン・グルニエの『孤島』を買った。いまはなき竹内書店新社から一九七九年に出た改訂版第一刷である。フランス文学に興味を持ちはじめた大方の学生とおなじく、グルニエの名は、アルベール・カミュの師として認知していた。カミュの作品では、『異邦人』よりも『シーシュポスの神話』や『太陽の讃歌』『反抗の論理』のタイトルで訳されていた二冊の

「手帖」（いずれも新潮文庫）の方に親しみを感じていたせいか、不条理の源泉に、哲学と文芸のあいだを縫うグルニエの散文集を置くのは、一読、いかにも自然に思われた。

　両者には、人間の存在の、幸福と不幸の浸透圧を語る呼吸において、きわめて近しい響きがある。一方で、地中海の光の底に触れる透明なカミュの文章に較《くら》べると、グルニエのそれにはもっとごつごつした砂礫《されき》の即物性があり、その礫の隙間に濃い霧が入り込んで、不思議な湿り気がまとわりついていた。要するに、二十歳前の私は、師の文章の、井上究一郎の訳文を通じて伝わってくる厳密さと曖昧さの調合が生み出す、ぶっきらぼうな虚無の感覚に魅せられたのである。

それから一九六八年に出た初版を入手し、一九九一年にはJ・グルニエからジャン・グルニエと表記が変わった筑摩叢書版を、昨年はこの版に依拠するちくま学芸文庫も買っている。私にとってグルニエの原風景は、粟津潔の装丁によるベージュの表紙カバーと、やや厚めの本文用紙に活版活字で刻まれた四二字詰め一四行立ての七九年版で、他の版ではてのひらが覚えている言葉の感触にずれが生じてしまうのだが、訳文は最新の文庫版を参照するべきだろう。

№.21

堀江敏幸・選

孤独よりも秘密の、埋もれた生活をよしとし、「人生の余白に生きるべく運命づけられていた」（文庫版）グルニエの思想は、『孤島』の原題である「島々」という複数形によく表されている。群島のように散った「私」と日々の出来事の積み重ねのさなかで「千分の一秒のあいだ放心する」ことが、人生における特権的な瞬間の、幸福な意味を明らかにしてくれるのだ。原書初版の刊行は一九三三年。二十歳のカミュはアルジェリアでそれを読み、作家となって五九年の改訂版に美しい序文を寄せた。一冊の書物が読み手のなかで育つには、そのくらいの時間がかかる。自身が『孤島』の一員であることを、カミュは師に捧げた文章を通じて、より深く理解したにちがいない。

（2020年6月13日）

№.22

加藤陽子・選

見るまえに跳べ

大江健三郎＝著

新潮文庫

このコロナ禍での巣ごもりの中にあって、太平洋戦争を理解するのに適した文学作品は何だろうと考えていた。まずは、大岡昇平『レイテ戦記』、田中小実昌『ポロポロ』、奥泉光『浪漫的な行軍の記録』の三作。次に、太平洋戦争末期の戦争を、人間への内なる暴力として少年の目から捉えた大江健三郎『芽むしり仔《こ》撃ち』を選んでゆく。

ここまで来て、頭の中に小さな火が灯った。そうだった、大

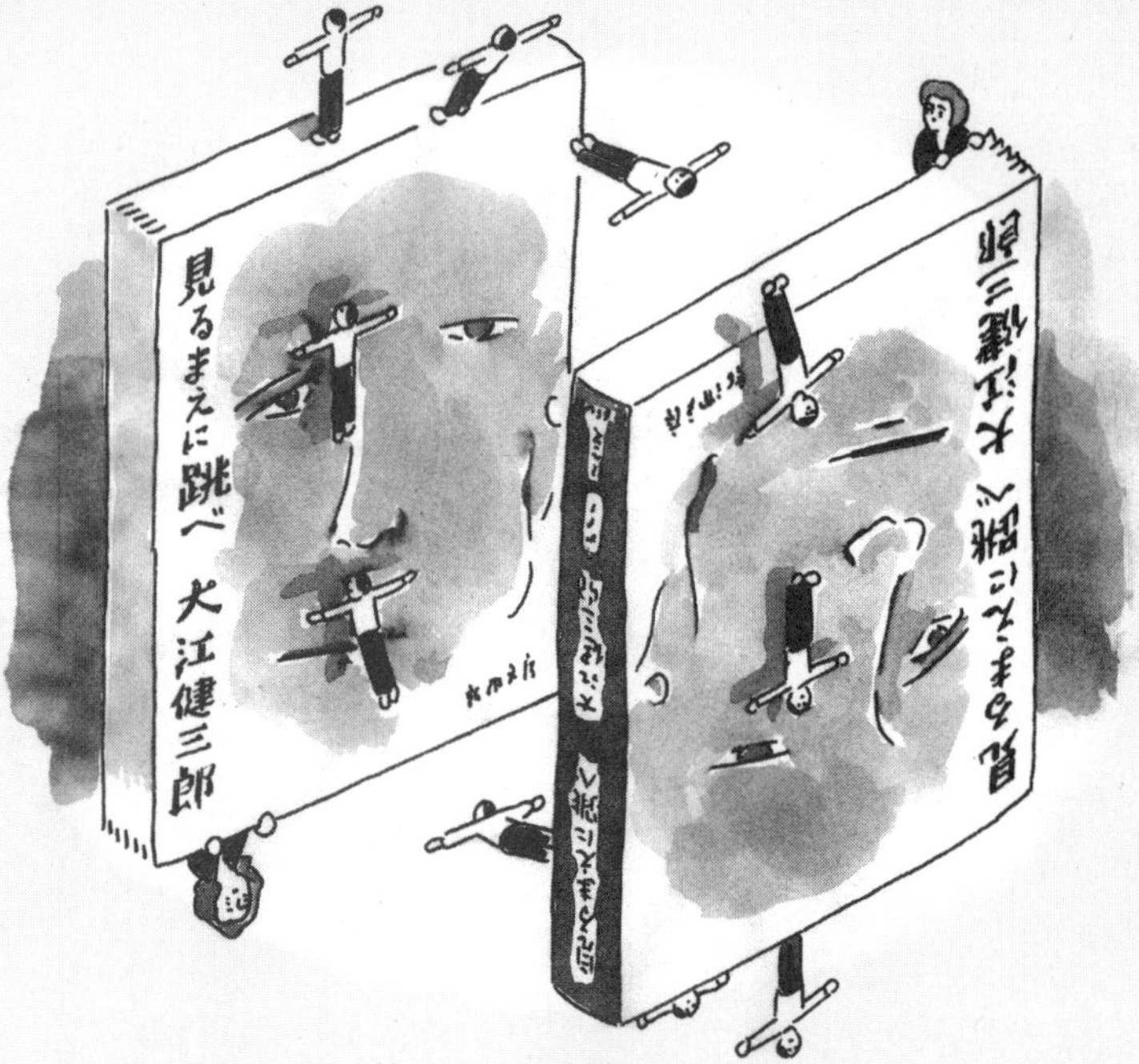

学入試が終わり結果を待つ間の1979年春、私はドストエフスキー『カラマーゾフの兄弟』と大江『見るまえに跳べ』を読んでいたのだった。英語起源の慣用句「跳ぶまえに見よ」を逆転させた、衝迫力を持つタイトルに惹かれたのだろう。10の短篇からなるこの本が初めて読む大江作品だった。本書の中核をなす短篇「見るまえに跳べ」が、58年6月という全く同じ月に発表された長編「芽むしり仔撃

№.22

見るまえに跳べ

ち」に比べ、必ずしも高い評価を得なかったことは知っている。だが、そのようなことはどうでもよい。人生においては時に、何か永遠に触れたと感じられる幸福な瞬間が訪れるもの。それを大江は「一瞬よりはいくらか長く続く間」(『燃えあがる緑の木』)と表現するが、初めて大江を読んだ私の時間がまさにそれだった。

娼婦と暮らす東大生の「ぼく」は、ヴェトナムで戦ってみたいと日々夢想し、口にも出してみる。娼婦の情人はヴェトナム派遣を控えた外国人特派員だった。その彼に、本気なら連れて行くがどうか、と問われる。行けないと答えた「ぼく」は屈服し、これで一生、見るだけで跳べない人生を自分は歩むのかとの思いに沈む。

今回読み返し、跳べない「ぼく」を描きながらも、作家は跳

№.22

加藤陽子・選

べと叫んでいたと改めてわかる。大江も後に語っている。難しい選択を迫られれば自分は難しい方を選ぶと。『ハックルベリィ・フィンの冒険』のハックよろしく、「よろしい、僕は地獄に行こう！」と心に期し、進むのだと。

大江は、『万延元年のフットボール』以降、故郷の森に対する、苦しみにも似た憧憬《しょうけい》を原動力に、その森を擁する村の過去の歴史を、何度も反復させつつ、百年といった時間のズレを用いて小説を紡いできた。それは、過去の歴史の中に、未来へと繋《つな》ぐ新たな芽を見出《みいだ》す試みにほかならない。過去を描くことで未来を準備する、これが歴史学の一つの役割だとすれば、私は最高の先達と青春期の読書の中で出会っていたことになる。

（2020年7月4日）

№.23

若松英輔・選

余白の旅 思索のあと

井上洋治著作選集2

井上洋治=著

日本キリスト教団出版局

人生を変える一冊は確かに存在する。だが、出会ったときにそれだと分かるとは限らない。私の場合は違った。

この本は著者が五三歳になる年に刊行された精神的自叙伝である。著者はカトリック司祭だから霊的自叙伝というべきなのかもしれない。ここでの「余白」は、神のはたらきの場にほかならない。

著者は墨絵の余白を例にして、「余白」の存在論というべき、

独自の神学を展開している。
　水墨画家が白い紙に一つの円を描く。するとそこに完全を意味する象徴的な図形が生まれるだけでなく、同時に「余白」が生まれる。むしろ黒く描かれた円が「余白」を現出させたともいえる。このことは、世にあるもののはたらきと超越者のそれにそのまま当てはまる、というのである。
　同質のことは印刷された文字と書物との間でも起こっている。

№.23

余白の旅　思索のあと

「行間を読む」というように「読む」という行為には、単に文字を追い、字義的に理解すること以上の意味があることを私たちは経験的に知っている。人は、場と建築、声と沈黙、時間と永遠にも同質の現象を見出すだろう。

この本で著者は、いかにして「余白」に出会い、いかに生きてきたのかを語るよりも、いかに、「余白」によって「生かされている」のかを語る。

人はいかに生きるのかと考えるとき、どこかで人生は自分の思うようになると思い込んでいる。しかし私たちは、思うようにならないという厳粛な事実を感じながら日々、生きている。熟慮しなくてはならないのは、いかに生きるかという意志の問題だけでなく、いかに「生かされている」かという現実にほかならない。それが著者の生の基軸なのである。

№.23

若松英輔・選

当然、人生の真の「主人公」は、自分ではなく、自分を生かしている何ものか、ということになる。著者はそれを神であるといい、その歴史的介入をイエスと呼ぶ。彼はこの本でキリスト者の第一義とは何かをめぐってこう記している。それは「イエスについて知ることではなく、イエスを知ることである。神について語ろうとすることではなく、神を知ることである。そして何かを知るためには、私たちには、その何かの生命に向かって飛び込み、これを受けとめようとする行為が要求される」。

知の力によって何か「を」知ることは、表層の認識に過ぎない。人は人生を賭して何か「を」真に認識するところまで行かねばならない。一九歳の時、私は著者に出会った。以来、彼は私の無二の師になった。

（2020年7月18日）

№.24

中村吉右衛門・選

紫陽花舎随筆《あじさいのやずいひつ》

鏑木《かぶらき》清方＝著

講談社文芸文庫

私は読書が好きです。正確に言うと「積読《つんどく》」が好きです。子どものころからの性癖でもあります。私は体が弱く、健康優良児の兄が庭で元気よく走り回っているのを横目に、布団にくるまって天井の節目を数えているのが常でした。

それに飽きると、ばあやに与えられた絵本や漫画を見ながら、ありあまる時間を紡いでいました。中学生のころには、親に「岩波文庫」を片端から買って

もらい、本棚に飾って悦に入っていました。そのうちの少々は通読しましたが、正直なところすべてを咀《そ》嚼《しゃく》できたとは言えなかったと思います。

曲がりなりにも二代目中村吉右衛門を継ぎ、役者稼業に本腰を入れ始めたころ、ご贔《ひい》屓《き》に鏑木清方先生のお孫さんがいらっしゃり、一冊のご本をいただきました。それが鏑木先生の『紫陽花舎随筆』でした。恥ずかしながら、その時まで、その有名な随筆を存じ上げませんでしたが、読み進むにつれ、ぐいぐい文章に引き込まれていきました。

先生の当時の近況がつづられた「老鶯《おいうぐいす》」から始まります。「去年の元日」には、「元日の見るものにせん富士の山」の一句に象徴される江戸の香が馥郁《ふくいく》とただよい、「あさがお」では、「なるたけたんと」などの言葉で一瞬にして古き時代にタイムスリップさせられました。「引越ばなし」で、我が家も江戸庶民であったと納得させられ、「市人の暮らし」では、よく父に聞かされた震災の話や当時かかせなかった長火鉢の話など、私にも覚えがある風景が出てきて、不遜ながら先生と思い出を共有したようで、うれしく思いました。

ですが、「五十年前」にはまいりました。明治の歌舞伎の素晴らしさ、後を継いだ若手たち（六代尾上菊五郎、初代吉右衛門

№.24

中村吉右衛門・選

など）に対する期待と不安が書かれ、とても他人事とは思えません。

そんな不安を吹き飛ばしてくれたのが「心のふるさと」でした。「人間は誰でも土の上にうまれ故郷を持っている、だがその他に、またはそれにつれて心のふるさとも持っている」から始まる章です。私の心のふるさとは、歌舞伎座のある木挽町です。伝統歌舞伎の世界は江戸の世界。そこでつちかわれた美意識、教養、香りを大切にとおっしゃっているように思いました。数年前、再びお孫さんから新刊をお送りいただき、今では繰り返し読む座右の書になっています。先生、ありがとうございます。

（2020年5月9日）

№.25

高村薫・選

仮往生伝試文《かりおうじょうでんしぶん》

古井由吉＝著

講談社文芸文庫

父が死んだ年の冬にこれを読んだ。正確に言えば、寝る前の半時間ほどの読書だったので、毎晩好きなページを開き、好きなところでページを閉じると、次の日はまた違うページを開き、違う物語を読むという恰《かっ》好《こう》だった。古井由吉の連作短編の世界は、たいがいそういう奔放な読み方ができるのだが、なかでも本作は始まりも終わりもない回り灯籠のような世界であり、どこから足を踏み入れて

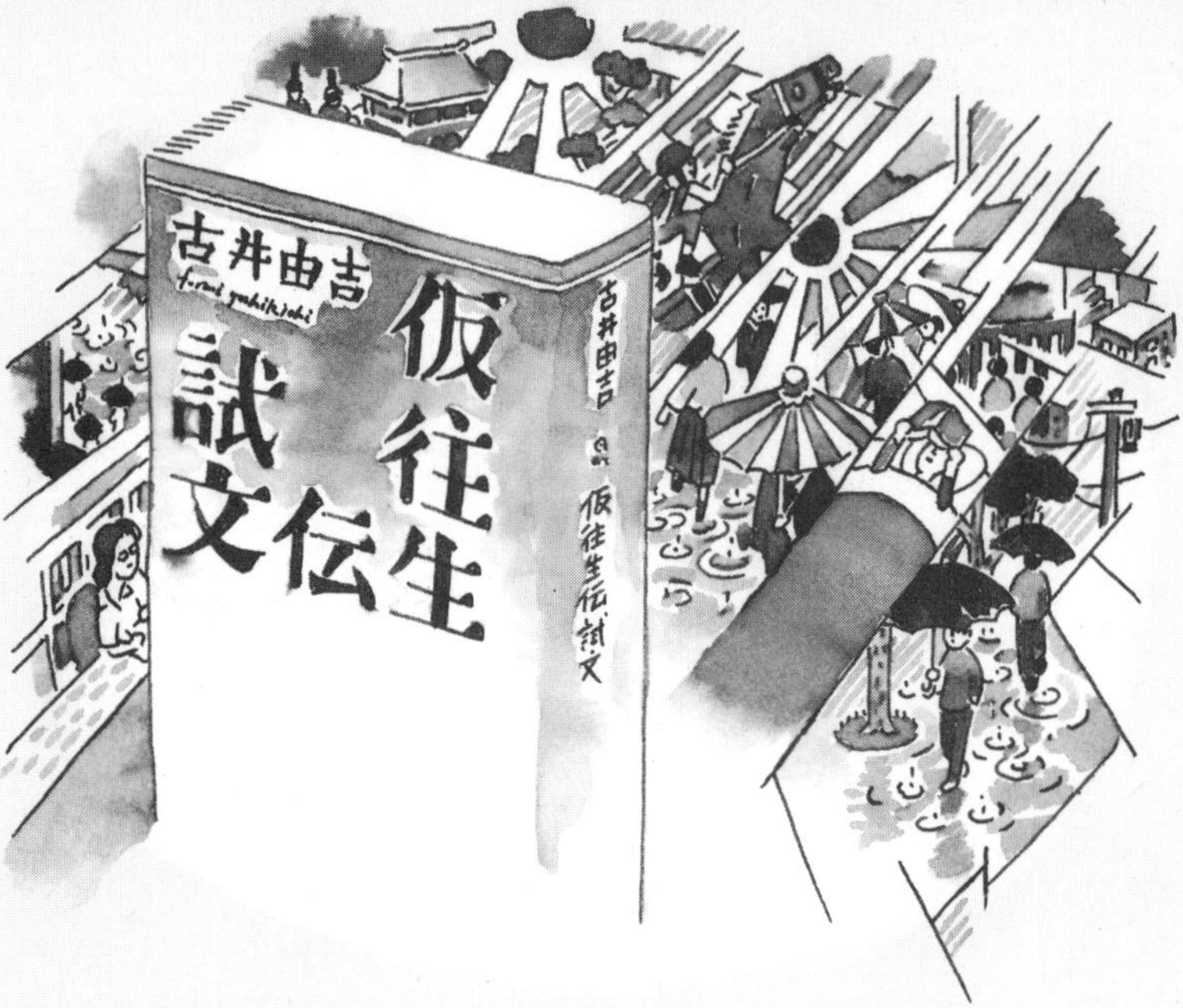

もたちまち今昔の往生を語る者と語られる者、そこを影のように横切る者や振り返る者、そこからさらにまた、声もなく姿もない、生と死の境も定かでない女と男の濃密な逢瀬《おうせ》の気配などに呑み込まれている。

当時の私はまだ会社勤めをしていて、そろそろ別の人生を探したいという思いはあったが、私にとって小説はあくまで読むものであり、自分が小説家になることなど考えてみたこともなかった。それでもいっぱしに小説の好みはあり、たとえば定まった物語は生起しそうで生起せず、言語空間だけがかたちもなくふつふつとしているような世界を無意識のうちに求めていたのだろうし、自身が小説家になってしまったいまも、求めているものは基本的に変わらない。

そうして気ままに小説の言語空間に浸る間、私の思考もあっちへ飛び、こっちへ飛びし、たとえば古井が本作を書き継いでゆく間には、なんとなく定家の『明月記』と波長が合った時節があったと推測できるのだが、平安貴族の賭博事情から古井自身の趣味の競馬の話へ、さらに自身の病院通いから世相騒がしい定家の身辺へと世界がうつろってゆく間に、読者の私は堀田善衞の『定家明月記私抄』へ思いを馳せては、古井が堀田を読んだのか、堀田が古井を読んだのかと当てのない自問を楽しん

№.25

高村薫・選

でいたりする。そして、いつの間にか雨の匂いがして、はたと我に返るのだが、本作で描かれる世界はどこを開いてもよく雨が降る。

本作についてはおよそひと月ほど寝る前の友にした後、あらためて読み返すことはなかったが、二月の古井の訃報を機に本棚から探し出し、以来ずっとデスクの手の届くところに置いてある。三十年前には往生伝の部分と作者の身辺雑記の接続が少々粗く感じられたのだが、私自身が高齢者になったいま、あえて刈り込んだりしないその粗さこそ、五十代だった真正の小説家の勢いというものであり、得難い力技だったことが分かるようになった。どこまでも感嘆のため息が尽きない。

（2020年7月25日）

№.26

斎藤真理子・選

シカゴ詩集

サンドバーグ＝作　安藤一郎＝訳

岩波文庫

中学生のときに買った本だ。奥付を見ると昭和四九年七月二〇日第一一刷。この原稿を書くために久しぶりに手に取ったら、扉に小さなハンコが捺《お》してあることに気づいた。

輪の中に「マリ」と読める文字が入っている。非常に稚拙だが蔵書印だ。間違いなく自分で作ったものだが、どうやって作ったか全く記憶にない。第一、ハンコの素材がわからない。こんなにわからないのも珍しい。

ただ、そのころ、自分が本に対して盛んに「マーキング」をしようとしていた感じは憶えている。文庫の解説目録の中の読みたいものに印をつけたり、自分でブックカバーを作ったり。物体としての本に匂いをつけたがっている感じだ。今はこういうことは一切やらない。

岩波文庫の『シカゴ詩集』は章ごとの扉に写真が入って洒落《しゃれ》ていた。一九一六年、躍動するシカゴの民衆の熱気をとらえた

№.26

シカゴ詩集

詩集。中学生ごときがなぜこの本を買ったのかもおぼろげだが、大人になっていく途中で何度も読み返してだんだん好きになった。エネルギッシュな章のあとにひっそりと静かな作品が置いてあるのがいいと思った。

例えばこのような。

霧

霧がくる
小さな猫の足つきで
静かに腰をおろして
港と街を
眺めわたしている

それから動いていく。

こうしたものを読みながら徐々に、詩というものの本質は、ものやできごとの「見方」にこそあるのだ、と知っていったように思う。

この原稿を書き終えるころになって、こんどは本の間に小さな細い紙片がはさまっていることに気づいた。よく見るとうっすら青い罫線《けいせん》が両面にある。多分ノートを切ったものだ。自分で作った付箋らしいが、こんなマーキングもしていたのか。これもまた全く思い出せない。

懐かしい本の中には忘れていた自分がいる。ほとんど知らない人に近い。顔を合わせるとたいへんきまりが悪く、目で挨拶して本を閉じる。

（2020年8月22日）

No.27

山内マリコ・選

若草物語

ルイザ・メイ・オールコット＝著　松本恵子＝訳

新潮文庫

※角川文庫などからも刊行

長年、東京の狭い賃貸マンションを転々としている。引っ越しのたびに本棚を整理するせいか、案外、なつかしいというほどの本は手元になかった。大学以降に買い集めた好きな本ばかりだ。

ところが、古本で買ったわけでもないのに、いやに古びている文庫があった。オールコットの『若草物語』。昭和26年の松本恵子訳、昭和の終わりに文庫が発行されているが、私が持っ

ているのは1995年の映画公開にあわせて発売された12刷。表紙カバーでほほえむのは、次女ジョーを演じた当時の人気スター、ウィノナ・ライダーだ。

中学時代は小説より映画に首ったけだったから、ノベルティグッズ感覚で買ったんだろう。この本も耽《たん》読《どく》するというより、映画のシーンを頭の中で再生したくて、エピソードを拾い読みして楽しんだ記憶がある。暖炉の火にあたっているような安ら

若草物語

ぎと、服の布地のディテール描写を堪能した。

映画は、四姉妹が大人になった『続若草物語』とあわせたストーリーとなっている。ジョーに求婚を断られたローリィが、ちゃっかり四女エイミーと結婚する展開が引っかかったのもあって、大人になってから再読したことはなかった。

ところが、今年公開された映画『ストーリー・オブ・マイライフ／わたしの若草物語』を観てぶったまげた。可能性に満ちた少女時代のきらめきと、大人になってからそれぞれがぶち当たる冷たい現実とが交互に描かれる。その冷たさは、四姉妹が〝女性であること〟と無関係ではない。そして見事に書き分けられたキャラクターは、単にそういう性格である以上に、女性の生き方、人生の選択肢を投影したものだったことに気づいた。

仕事を得て自立したいジョーの生き方、結婚に幸せを求める

№.27

山内マリコ・選

長女メグの生き方。女性は今もこの二者択一を迫られ、両立を望めば家事育児と仕事が一気にのしかかる。夭折《ようせつ》する三女ベスの気質に感じたのは、女性に過剰な自己献身を求める風潮だ。そしてエイミーが背負っている経済問題は、女性が非正規雇用で安く買い叩かれている現代にも通じる。しかしいつの時代も、当の少女たちは、自分たちを待ち受ける厳しい現実を知らない。

少女ではなく、大人の女性として自分の人生を生きたとき、はじめてわかることは多い。この本もまた、そういう物語なのだ。大人になってから再び立ち返ることで、深いところまで染み入ってくる。そんなわけで私は『続若草物語』を買い、新しい1冊が本棚に加わったのだった。

（2020年9月26日）

№.28

土屋賢二・選

白痴

ドストエフスキー＝作　木村浩＝訳

新潮文庫

※河出文庫、光文社古典新訳文庫などからも刊行

人生を決めたのは、大学入学後、寮で過ごした一年間だった。寮生たちは授業に出ない、風呂に入らない、当たり前のように規則を破る、試験前は徹夜で麻雀する、平気で何年も留年する。こんな魅力的な生活態度に染まらない人はいないだろう。これで、疑いもしなかった価値観が完全に崩れた。

だが、価値観を根こそぎ破壊したのは読書だ。手当たり次第に読み漁っていたとき、出会っ

たのが本書だ。衝撃だった。恋愛小説だと思って読んでいたら、異様な人物の常識を絶した行動の連続だ。ドストエフスキーが見ていた人間の底知れなさがものすごい迫力で伝わってきた。

それからは授業も出ないで、夢中で図書館のドストエフスキーを片っ端から読んだ。それが運のつきだった。当たり前だと思っていた価値観が一つ残らず音を立てて崩れ、頼りになるものをすべて奪われ、寒空に裸で投げ出されたようだった。

それがきっかけで哲学に転向した。そのまま法学部に進むコースに進んで官僚になっていたら、ノーパンしゃぶしゃぶなどの不祥事でクビになるか、出世コースにのって活躍し、日本の政治行政をダメにしていたかどちらかだろう。

価値観を破壊しただけではない。生まれて初めて文章の魅力に目を開かされた。それまで文章に関心がなく、小学校のときの作文はすべて父に書いてもらっていた。世の中から戦争と作文がなくなることを願っていた。

それが一変した。ふつう展開を予測しながら本を読むが、本書を読むと、予測を立てては裏切られ、予測し直しては裏切られ、の繰り返しで常識が壊されていき、気づくと人間と世界の底知れなさに圧倒されているのだ。これでもかこれでもかと予

№.28

土屋賢二・選

測の上を行く文章に、わたしは圧倒され、魅了された。この文章力がなければ、いくら言葉を尽くして価値の破壊を説明しても説得力はなかっただろう。

読者の予測を裏切る手法は、読者を引き込むミステリなどの基本手口だ。昔、路上でインチキ商品を売っていた香具師《やし》もこの手法を使っていた。わたしはこの手法に弱く、何度もカモにされ、ミステリにはいまだにカモにされている。

論文もそうだ。キルケゴール、フロイト、ハイデガー、クリプキ、ウィトゲンシュタイン、プラトンなど、それぞれスタイルも主張も違うが、彼らの文章力にわたしは魅了され、翻弄されてきた。

一冊の本を甘く見てはいけない。人生を完全に変え、いつまでも影響を及ぼし続けるから。

（2020年10月3日）

№.29

ペリー荻野・選

江戸の子守唄
御宿かわせみ2

平岩弓枝＝著

文春文庫

こどものころから毎日、時代劇を見続け、アイドルよりも必殺シリーズの殺し屋に夢中になっていた私が、大学時代に出会ったのが、この『御宿かわせみ』のシリーズ。大川端の小さな旅籠《はたご》「かわせみ」の女主人庄司るいと、町奉行所与力の弟神林東吾。ふたりの身分違いの恋の行方と、さまざまな事件の謎解きが描かれる短編集である。

二巻の『江戸の子守唄』を選

んだのは、久しぶりに読み返して、テーマが令和の今に通じているのに驚いたからだ。表題作「江戸の子守唄」は、「かわせみ」の夫婦客が、幼子を預けたまま、夜更けまで飲んだくれ、挙句、姿を消してしまうという話。小説が書かれた一九七〇年代にはネグレクトなどという言葉は知られていなかったが、まさにネグレクトそのものだ。他にも暗い背景を持った下手人による無差別連続殺人事件を追う

№.29

江戸の子守唄

「迷子石」などハードな話もあり、ドキリとする。

強盗団との対決やアリバイトリックがからむ事件では、東吾や親友の同心・畝《うね》源三郎の推理力が活かされ、「手前は芸人くずれではないかとみて居ります」と見破る「かわせみ」の老番頭・嘉助の人間観察力も光る。一方で、人を食ったような二枚目掏摸《すり》がいい仕事をする「お役者松」の粋な話、年に一度、「かわせみ」にくる年の差男女の「七夕の客」などしみじみする話もある。どんなに悲惨な事件でも、「かわせみ」や神林家の人々の優しさや江戸の味(夕涼みに出た東吾が行儀悪く食べ散らかす枝豆や夜食ですするうどんの美味しそうなことったら!)、菖蒲湯、炭のはねる音など季節の風物が、和ませてくれるのもいい。

幸せなことに私は一度、作者の平岩弓枝さんにお話を聞く機

№.29

ペリー荻野・選

会があった。小説だけでなく、ドラマ・芝居の脚本家としても知られる先生は、自らてきぱきとお茶を淹《い》れてくださり、お話もハキハキとしてカッコよかった。短編のキレのよさには先生の人柄が出ていると感じた。

思えば、私が「かわせみ」を読み始めたころは、「笑っていいとも！」が人気を集め、東京ディズニーランドが開園、日本中がなんとなく浮かれていた。自分自身はズッコケたラブコメのような日々の中で、自分の道を探してジタバタしていた。そんなとき、江戸時代に自立を決意し、愛する人のため懸命に生きるるいは、大事なことを教えてくれた気がする。迷ったとき、「るいならどっちを選ぶかな」と思うこともよくあった。そういう選択をしながら出来上がったのが、今の私なのだ。

（２０２０年10月10日）

№.30

津村記久子・選

さむけ

ロス・マクドナルド＝著　小笠原豊樹＝訳

ハヤカワ・ミステリ文庫

＋

五年以上の間、断続的に再読しているので「なつかしい」と言い切るにはずっと生々しい感触を持った本だけれども、未来のどの時点でも、小説とはどういうものかという本を自分に対して一冊挙げるとしたら、悩んだあげくこの本を選ぶと思う。「良かった」という深い感慨と、小説を読む喜びと共に。

新婚の若い男が、妻がいなくなってしまったので探してほし

いと探偵に頼みにくる。再放送の二時間ドラマや何かの冒頭によくありそうな発端は陳腐ですらある。それが巡り巡って最後には、ミステリーの歴史に残る結末の一文に辿《たど》り着く。個人的には、自分が読んできたあらゆる小説の中でも最強と言っていい幕切れだと思う。

　それまでの道筋は、初読の時は「なんだかよくわからない」の一言に尽きた。読んでいるうちに驚くほど遠いところに連れ

№.30

さむけ

てこられたのだが、主要な登場人物の顔ぶれは終盤も変わらないし、本当になんでこんなことになるのか？と首を傾《かし》げつつ、でもめちゃくちゃおもしろかったのでいいか、と納得する。それから数年後、それにしてもあの人はなんであゝいうことになってしまったのか？ということが気になって再読する。やっぱり夢中になって読んでいるうちに、どういう経緯かわからなくなる。

そういうことを何度も繰り返したあげく、去年ようやく、探偵アーチャーが誰と会って何を聞いたかについてメモをとりながら読み直したのだが、ほとんど詰め込まれた日帰りバスツアーの旅程のようだった。人と会って話し、また次の人と会って話すことを積み重ねながら、少しずつ真相に近付いていくアーチャーは、まるで人と人の間の旅行者だ。けれども、実際

№.30

津村記久子・選

の生活も小説も、人と人との間の旅なのだと考えると、アーチャーがやっていることは普遍的であるように思える。

何度読んでも、結末では、本当に遠くまで来た、という感慨を持つ。その場にいながらにして読者を遠くまで連れていくということが小説の役割の一つなら、これほどそれを強く感じさせる作品もないだろう。長い期間にわたって断続的に起こる殺人の根源にある苛烈な欲望は、思い出すだけで寒々しい気分になる人間の罪悪の姿を読者の心に刻みつける。知らない方が気楽かもしれない。しかし、小説を読むからには、人間のことを知りたいと思うからには、この終わりを読めることこそが幸福なのだと言い切りたい。

（2020年10月17日）

№.31

行定勲・選

シネマトグラフ覚書

映画監督のノート

ロベール・ブレッソン＝著　松浦寿輝＝訳

筑摩書房

「抵抗」「少女ムシェット」「ラルジャン」など数々の名作を世に残し一九九九年に他界したフランス映画の名匠ロベール・ブレッソンの著書『シネマトグラフ覚書　映画監督のノート』を私が最初に読んだのは助監督駆け出しの頃だった。一冊の本もまともに買うことが出来ない極貧生活だった私は、この本を原宿の図書館で見つけ出すとすぐさま借りてきて四畳半の片隅で貪《むさぼ》るように読み、心

に刺さった言葉をノートに書き写していた。

当時は映画監督になるという明確な目標を持っていたわけではなく、とにかく映画を作る人間の心理に迫りたい一心だった私は、演出とは、音楽とは、演じるとは、何よりも映画とは、について考察するひとりの映画監督のメモに魅せられ、そこから必死に映画の正体を見つけ出そうとしていた。映画でしかありえない表現を追い求めたブレ

№.31

シネマトグラフ覚書

ッソンの厳たる哲学や創作する上で心得ておかなければならぬ映画術が余すことなく明かされていた。

「演出家、あるいは監督《ディレクター》。他の誰かを導く《ディリジェ》ことではなく、自分自身を導くことが問題なのだ」

　映画を撮ったこともなかった若き日の私にはブレッソンの言葉は難解すぎて、容易には理解できなかった。しかし、翻訳の松浦寿輝氏の選択する言葉と彼の解説の手助けによって若き日の私は映画の深淵を覗き込むきっかけを与えられた。

「美しい写真はいらない、美しい映像もいらない。必要欠くべからざる映像と写真があればよい」

　映画監督となり読み返してみると、劇的な場面作りや形式を否定するなど、これまでにある概念を覆す徹底した映画作家としての思想と既存の映画芸術に対するアンチテーゼが読み取れ

№.31

行定勲・選

た。その映画を自由にする道程を導き出すために吐き出された言葉に、共感と同時に自省もあった。

「真実と虚偽の混淆《こんこう》から生じるものは、虚偽である……虚偽は、もしそれが雑気《まじりけ》のない虚偽であれば、真実を作り出す……」

「シネマトグラフ」＝ブレッソンの考える映画が到達すべきは真実味ではなく真実そのものでなければならない。はたして私の作る映画は彼の云う映画に少しでも近づけているのか。圧倒的な感性を内包した覚書を目にしながら答え合わせをするように、自分の映画のことを思うと気後れしてしまった。ブレッソンは現代の映画を観てどんなふうに思うのだろうか。私は彼のメッセージを繰り返し思う。「白の上に、沈黙と静止の上に、君の映画を築き上げよ」

（２０２０年11月７日）

No.32

山田美保子・選

完全版
ピーナッツ全集
（全25巻）

チャールズ・M・シュルツ＝著　谷川俊太郎＝訳

河出書房新社

母校の最寄り駅・渋谷からは多くのことを学んだものだ。ドイツ菓子の名店のバームクーヘンや、洋食店のグラタン。名画座やプラネタリウムにも通い詰めた。その中の一店、「三省堂書店」中央の縦長ラックで販売されていたシリーズが「TSURU　PEANUTS　BOOKS」だった。

1950年からチャールズ・M・シュルツ氏が雑誌や新聞で連載していた「PEANUT

S」だが、単行本は漫画というよりは大人びた洋書の体裁。小学校高学年だった私は、まさに背伸びをしながらラックから手に取ったものだ。

訳者は谷川俊太郎さんだが、この頃は英語学校会話教師の徳重あけみさんとの「共訳」だった。〝あとがき〟でも早稲田大学の中内正利教授（当時）が「ピーナツマンガの英語」と題して「英語の勉強には実用に役立たせることを第一の目的にし

№.32

ピーナッツ全集

なければならない」「登場人物は子供ではあるが、用いる英語は一般人の口語英語である」とも。つまり、当時、日本における「PEANUTS」は、英会話の教則本としての役割を担っていたのだ。

のみならず、ハロウィンやクリスマスの風習、水遊びに雪遊び、キャンプファイヤーでマシュマロを串に刺して焼いて食べることや簡素なランチ。同シリーズでアメリカの子供たちの日常を知れたことは、大学で短期留学をした際、ものすごく役に立ったものである。

あれから「PEANUTS」は多くの版元を経て、生誕70年を迎えた今年、河出書房新社の『完全版　ピーナッツ全集』がこの11月に完結した。東京・町田の「スヌーピーミュージアム」ではオンラインで記念グッズなどが売り出され、各地の

№.32

山田美保子・選

「ピーナッツカフェ」も盛況である。

　そして、私のような大人のファンがこれまで度々口にしてきたのは「スヌーピーは哲学」ということ。絵皿が付いてくるフライドチキンのＣＭでも、そう呟《つぶや》く母親に対し、娘役の高畑充希さんがシミジミ頷《うなず》くシーンがある。

　私の手元にある最古の「ＴＳＵＲＵ～」には「このマンガには人生のあらゆる味がある」とのタイトルで谷川俊太郎さんが一文を。別の本では、人間の弱さを批評しながら許してくれるシュルツ氏の優しさを「さわやかな後味」と説いていらっしゃり、心から納得した。

　私にとっての「なつかしい一冊」は、何度読み返しても、いまも多くのことを教えてくれる「頼もしい一冊」でもあるのだ。


（２０２０年12月19日）

№.33

田中里沙・選

アイデアのつくり方

ジェームス・W・ヤング=著　今井茂雄=訳　竹内均=解説

CCCメディアハウス

様々な分野に「バイブル」と呼ばれる書がある。平成が始まった年に、社会に出た。新たな価値を目指して、変化や変革が始まろうとしていた。世の中を動かすような仕事がしたい、企画の仕事がしたい、と多くの若者は希望を抱いた。そのために必要なものはアイデアだ。目的に向けた発想、着想。みんなにいいねと言ってもらえるようなひらめき。就職をした広告業界は、アイデアがもっとも重

視される業界である。商品は、アイデア。何かよいアイデアはないか。顧客の課題を解決するための策をいつも考えていた。でも、素晴らしい思いつきが次々と出るわけもない。知識、経験、リサーチ、はたまた根性か。私は当時、ヒットCMを制作する、活躍するクリエーターの方に会う時には必ず「このアイデアはどこからきたのか」「どのようにアイデアを思いついたのか」と聞いてきた。幼い

№.33

アイデアのつくり方

頃に見た風景、家族との思い出、苦い経験、自然の摂理、海外で得たヒントなど。しかし、それは後付けかな、と。ひらめきの多くは、移動中や、気分転換をしている時かな、とも。貴重な言葉ではあるけれど、ノウハウとして応用できるものではない。

そして先輩から紹介されて出会った一冊が『アイデアのつくり方』だった。米国の広告クリエーターのバイブルとされてきた名著。日本では、サントリー宣伝部で活躍した今井茂雄さんが訳者で、物理学者の竹内均さんが解説を書いている。絶版になりながら、業界の人たちの熱意と協力でよみがえった歴史も持つ。本書は本文が短く、とても薄い。本文とほぼ同じ分量の解説文、訳者あとがきで構成されている。本の帯には「60分で読めるけれど、一生あなたを離さない本」と書かれていた。メ

№.33

田中里沙・選

ッセージは極めて明快で簡潔だ。「アイデアとは、既存の要素の新しい組み合わせである」。広告業界で活躍をした著者のヤングが、実務を重ねて編み出した真理。方法論や技術として、これを超えるものはないのだと思う。考えを巡らせて、アイデアをつくることは素敵なことであり、楽しいことだ。暮らしの中で、学校で、職場で、地域で、アイデアはいつも待たれている。アイデアひとつで状況は一気に好転する。

コロナ禍で、新しい価値の創出を期待され、余儀なくされている状況の今、楽しい工夫をして日常にイノベーションを起こすためにも、広告業界の先達が書き残してくれたバイブルを、手の届く場所に置きたくなった。

（2021年3月20日）

№.34

水谷修・選

堕落論

坂口安吾＝著

新潮文庫

※集英社文庫などからも刊行

「思春期」「青年期」ということばが、このところ聞かれなくなったと感じているのは、私だけではないだろう。中学に入学する頃から、性的な成熟が始まり、それとともに、自我意識が高まり、それまでの親や大人たちからの支配から脱しようとして、反抗や不安などの精神的動揺を繰り返しながら、自己を確立していく大切な時期である。

昭和31年生まれの私は、「70

年安保闘争」それに続く「高校紛争」の嵐の中で、この時期を過ごした。労働者の貧困は、資本家による搾取が原因であり、その解決には、この国の社会主義化しかないと、中学の時から左翼組織に身を置き、活動していた。しかし、敗北に次ぐ敗北、多くの仲間たちが離脱していった。また、大衆からの乖離《かいり》の中で、より過激な活動へと進む仲間たちもいた。そのように追い詰められ、死まで意識したとき

No.34

堕落論

に出合った一冊の本、それが、この本である。

坂口は終戦の半年後に「堕落論」を書き上げている。それまでは天皇の赤子として、国家のため、天皇のために、清く正しく命まで捧《ささ》げて生きることが美徳とされてきた。その価値観が、わずか半年で崩壊し、多くの人たちが堕落していった。

彼は語る。「戦争に負けたから堕《お》ちるのではないのだ。人間だから堕ちるのであり、生きているから堕ちるだけだ。だが人間は永遠に堕ちぬくことはできないだろう。なぜなら人間の心は苦難に対して鋼鉄の如《ごと》くでは有り得ない。(中略)人は正しく堕ちる道を堕ちきることが必要なのだ。(中略)堕ちる道を堕ちきることによって、自分自身を発見し、救わなければならない」

この本を読んだその日に、私は、左翼組織を離脱した。朝まで続く「粛正」という名のリンチ。翌朝、痛む身体を引きずりながら見た景色を今も忘れることができない。空の色、木々や花々、すべてが今まで見たことのない美しさだった。社会や組織の奴隷として生きるのではなく、一人の人間として、人生を自分の思い通りに生きていく。「自由」の意味をはじめて知った。

　彼は、こうも語る。「人は無限に堕ちきれるほど堅牢《けんろう》な精神にめぐまれていない。何物かカラクリにたよって落下をくいとめずにいられなくなるであろう。そのカラクリをつくり、そのカラクリをくずし、そして人間はすすむ」（続堕落論）

　私は、この日から、ずっと「求道者」として「青年期」を過ごしている。私の人生を１８０度変えた本である。

（２０２１年２月20日）

№.35

瀧浪貞子・選

空海の風景

司馬遼太郎＝著

中公文庫

巣ごもり生活の憂さ晴らしに、司馬遼太郎氏の作品を読み返していた。原稿の依頼を受けたのは、ちょうど『空海の風景』を手にし始めていた時である。平安時代の偉人空海（弘法大師）の思想と生涯を描いたものだが、なにせ千数百年も前の人物である。時間が遠すぎる、関係資料も限られている、しかも異能の持ち主であった。それをあらゆる角度から照射し、緻密な分析によって人情を通わ

せ、人間空海を歴史のなかに甦えらせた書である。

私が女子大学の史学科に在籍していた頃、一度だけ氏にお目にかかったことがある。半世紀も前のこと、歴史学に関心が持てず、悶々とした日々を送っていた。学生運動が拡がったことから講義も途絶え、自分を見失い生活意欲そのものをなくしていた。そんな私を心配した中学時代の恩師が、氏のご自宅に連れていって下さったのである。

№.35

空海の風景

恩師と司馬氏の奥様、みどり夫人とは大学時代以来の親友であり、お住まいも隣どうしであった。氏が直木賞作家としてすでに高い評価を得ていたことは知っていた。雲の上の人であった。しかし不思議なことに、私に緊張感はなかった。同じ東大阪市民という親近感もあって、まったく失礼な話だが、知り合いのおじさんに会いに行くといった気分だったと記憶する。

今でも鮮明に覚えているのは、桂米朝さんのカセットを聴かせて下さったことである。落語家のなかでも大好きだという話から落語論に至るまで、氏の話術と博識に圧倒されながらもカセットから聞こえる話に大笑いしたものである。カチカチに凝り固まった私を慮《おもんぱか》ってのお心遣いだった。歴史は考える学問であり論理的・体系的思考が必要である、事実だけを抽出するのでなく人間との関わりのなかで理解しなければ歴史ではない、

№.35

瀧浪貞子・選

などと優しく諭して下さったのは、ひとしきり笑ったあとだった。氏は空海の執筆準備にかかっておられたようで、千年も前の会ったこともない人物と対話するのは難しい、というより苦しい作業である、それでも空海が生きた時代の思想や環境、身辺の出来事から炙《あぶ》り出していくのは楽しく、なんとか空海を今に現出してみたいとも言われていた。しばらく経ってから贈って下さった書名に「風景」とつけられた意味が理解できるようになったのは、ずっと後のことである。

氏も奥様も、そして恩師も逝ってしまわれた。『空海の風景』は「なつかしい」というより私にとっては宝物であり、「忘れがたい一冊」である。

（2021年2月27日）

№.36

辛酸なめ子・選

新訂

方丈記

鴨長明＝作　市古貞次＝校注

岩波文庫

※ちくま学芸文庫などからも刊行

「ゆく河の流れは絶えずして、しかももとの水にあらず……」。ふとした時に脳内で再生される「方丈記」の一節。高校の古文の教科書で出会ってから、雅《みやび》さが漂う無常観に心惹かれ、時々読み返していました。形あるものはいつか壊れ、あらゆるものは変化する、という無常観こそ、コロナ禍の今必要な感覚かもしれません。

著者の鴨長明は、京都・下鴨神社の神職の家に生まれました

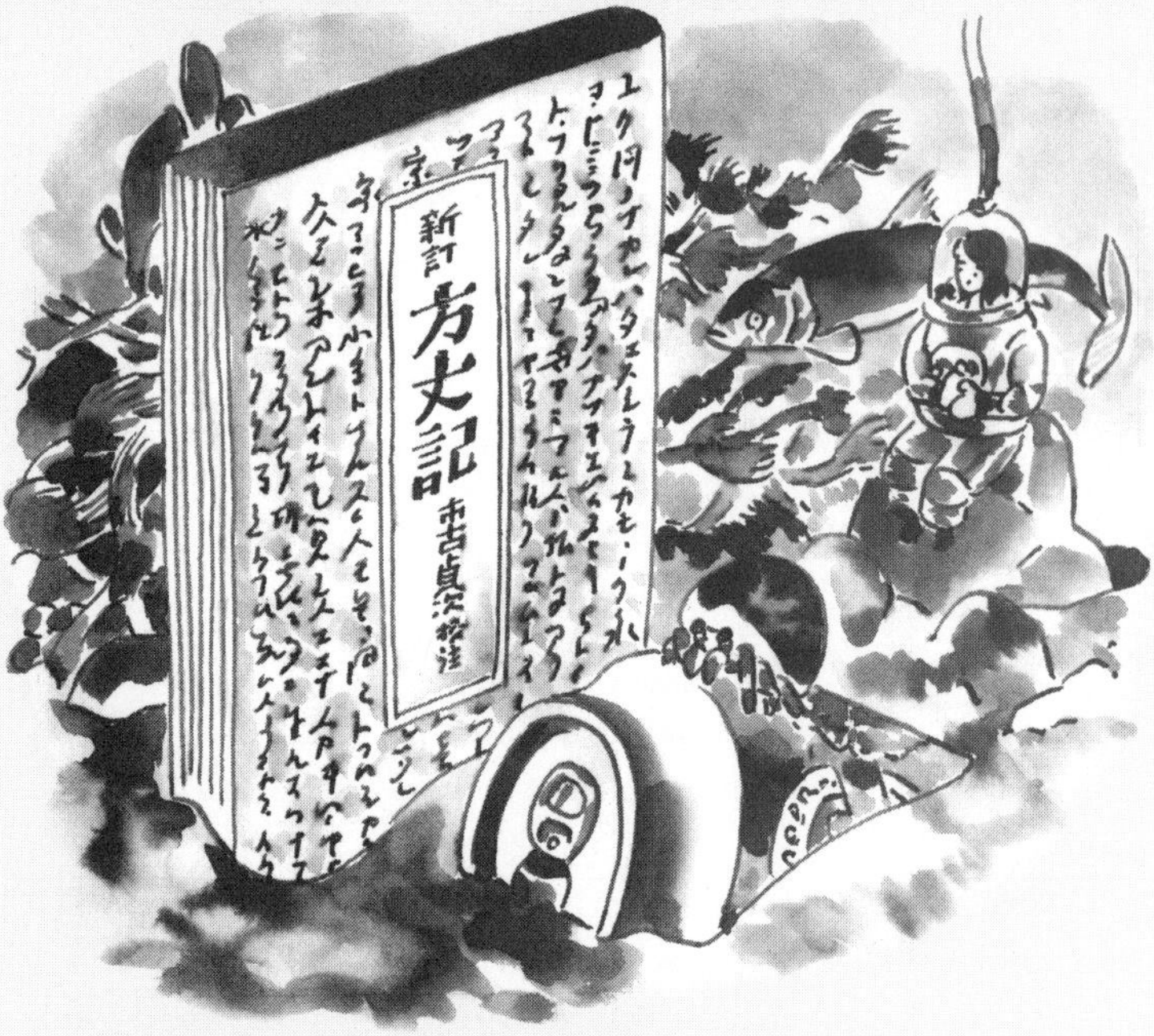

が、父が亡くなり、親族の跡目争いに巻き込まれ、結婚や仕事もうまくいかない状況で世をはかなむように。和歌や音楽に癒しを求めながら、ひとり草庵《そうあん》住まいで執筆活動。ポータブルな部材で建てた庵《いおり》は約四畳半の広さ。グランピングやワーケーションの元祖でしょうか。「方丈記」の随所に、家や土地にこだわらないポリシーが感じられます。住まいと住人ははかなさを競い合うようにあっけなく滅び

№.36

方丈記

ゆくとか、危険な都の中に家を建てるのは無意味だとか、大富豪の屋敷の隣に住むと常に劣等感を抱く、など……。

世を憂い、無常観を抱くようになったのは、鴨長明が「安元の大火」「治承の旋風」「養和の飢饉《ききん》」「疫病の発生」「元暦の大地震」など様々な天変地異を体験してきたから。大火で全都の三分の一が焼き尽くされ、旋風では家々が破壊、飢饉からの疫病で誰も彼もが被災者になってしまい、巨大地震で神社仏閣や家屋が倒壊し地割れ発生と、次から次へ災いが発生。地震発生直後は人々は人間の無力さを語り合っていても、しばらく経つと忘れてしまうと書かれていて、これは今の日本人も同じです。天変地異を何度経験しても人間は学べないのでしょうか。

「ヤドカリは小さい貝殻を好む」と、鴨長明は生活をスケールダウンし、山中の庵に移住。とはいえ育ちが良いからか「竹の

№.36

辛酸なめ子・選

すのこ」「黒い革を張った竹編みの箱」「組み立て式の琵琶」など、庵の細部に高級感が漂います。四季折々の自然の中で、50歳も年下の少年と山野を遊び歩く自由人な生活。出家しても「南無阿弥陀仏」を二、三度唱えて終わる、というユルさが良いです。もはや念仏にも執着しない境地になったのでしょうか。

鴨長明が生きていた頃と同じく、時代の変わり目である今、「方丈記」を読み返すことで新たな生き方のヒントを得られます。そして、現代より過酷な世を生き延びた先祖のDNAが今の日本人の中に息づいていると思うと心強く、励まされる本です。

（2021年2月6日）

№.37

佐伯一麦・選

ヘンリ・ライクロフトの私記

ギッシング＝作　平井正穂＝訳

岩波文庫

※光文社古典新訳文庫からも刊行

日は暖かだが、風が強く、花粉の飛散が非常に多いとの予報が出て、おまけに新型コロナの感染拡大が懸念されている春の一日、家にこもって読んでいたいような気にさせる本といえば、私にとって真っ先に頭に浮かぶのが本書となる。

ジョージ・ギッシングの『ヘンリ・ライクロフトの私記』に初めて接したのは、中学生のときだった。二年から三年に上がる春休みの時期に、部活のバス

ケットで腰を負傷し入院生活を余儀なくされた私は、無聊《ぶりょう》を慰める思いで、新潮文庫から中西信太郎訳で出ていた本作を手にした。

　スポーツ少年で、とりたてて読書好きという訳ではなかったが、〈一週間あまりの間、自分はペンに手を触れないでいた〉という本文の冒頭が、そのときの心持ちに通じるところがあったのだろう。老成した心は少年にもひそんでいるものだ。そして、

№.37

ヘンリ・ライクロフトの私記

春夏秋冬の四部に分かれており、それぞれの章が短文や断片で出来ているので、好きな箇所をつまみ食いするような楽しみがあった。その読み方はいまでも変わらない。

主人公ライクロフトは、長い貧困生活の後、思いがけない幸運に恵まれて、五十歳を過ぎてから南イングランドの美しい田園に閑日月《かんじつげつ》を楽しみつつ、その隠遁生活を私記に書き遺《のこ》す（ちなみに当時の平均寿命を調べてみると約五十歳）。だがそれは、作者のあこがれが生んだ分身であり、執筆当時のギッシングは生活に追われ、その後もわびしい流浪のうちに過ごした後、南フランスで不遇な生涯を四十六歳で閉じている。作中には、語り手である「私」が、虚構の人物のライクロフトなのか、作者ギッシングなのか、判然されない印象の箇所もある。それは、自分を認識することの不可解さを追求した我が国の私小説にも、

№.37

佐伯一麦・選

同様の機微があり、仔細《しさい》に点検すれば、作者の「私」、ナレータの「私」、そして主人公の「私」から成り立っていることに通じるように思える。

参考までに、私の知る、根っからの読書好きである年長の女性にきくと、高校生のときに英語の原文で読んで以来、何度も再読したので、ぼろぼろになって岩波文庫を買い直したと言い、美しい自然観に加えて、イデオロギーから離れ、その前に人間としての強い自我を確立しているところに何よりも魅了された、という答えだった。

私にとっては、〈人類を破滅から救いだす力の大部分は、静かにものを思う生活から生じる〉という言葉が、今回の再読で重く胸に残った。

（2021年4月10日）

3

世界をみつめる

№.38－№.50

№.38

小島慶子・選

女神記

桐野夏生＝著

角川文庫

もしも死後の世界に一冊だけ本を持って行けるなら、迷いなく『女神記《じょしんき》』を持参します。この世に女として生まれて経験したあらゆることが、この一冊に詰まっているからです。私は読み古した本を握り締めて冥界を訪ね、数多《あまた》の女たちの魂と出会うでしょう。

初めて読んだ時以来、私の頭の中には、3人の女たちが暮らす「黄泉国《よもつこく》」の地下神殿が建っています。夫婦で国産みをする

もお産で死に、男神イザナキに一方的に離縁されて黄泉国の女神となったイザナミ。生まれながらに穢《けが》れとされ、信じた男に殺されてイザナミに仕える黄泉国の巫女《みこ》となったナミマ。そして生前の功績にもかかわらず死後は男性として記録された稗田《ひえだの》阿礼《あれ》の魂が、永遠の冷たい闇の中で暮らしています。どんな女性の中にもきっと、イザナミとナミマがいるのです。人であるナミマの恨みや赦《ゆる》しは男への情

によるものだけれど、神であるイザナミの恨みは、情で薄らぐことはありません。女神の怒りは、同じ神でありながら男神イザナキよりも劣位に置かれた理不尽さへの怒りだからです。イザナミは「女神であることが悲しい」と言います。改心した男神イザナキがいかに情に訴えようとも、イザナミの深い悲しみと怒りは、日の当たるところを歩き続けた男一人のとりなしで鎮まるものではないのです。

「個人的なことは、政治的なこと」は、1960年代以降の第二波フェミニズム運動の中で言われた有名な言葉です。今もこの言葉の持つ説得力は変わりません。女性の個人的な生きづらさを掘り下げていくと、この社会で女性に向けられる眼差《まなざ》しや構造的な差別に行き当たります。根深い男尊女卑、生まれた瞬間から執拗《しつよう》に繰り返される容姿の品定め、男性の性欲を満たす

№.38

小島慶子・選

モノとして扱われる身体、「男は兵隊、女は子守と男のお世話」で設計された社会。先進国で最も男女格差の大きい日本では、あの森喜朗氏の発言が象徴するように、権力を持つ男が作った秩序の中で、身の程をわきまえた女のみが生き残れるという見せかけの「女性活躍」が謳《うた》われるばかりです。稗田阿礼のように才覚と努力でひたすら仕事に生きても、結局は功績を横取りされて悔しい思いをすることも。

そんな苦しい女たちの救済は決して「幸せな結婚」ではありません。女性が男性の庇護のもとでしか安心して暮らせない社会から、真に自立を果たせる社会へ。それが実現しない限り、女神の悲しみと怒りは消えることがないのです。

(2021年3月6日)

№.39

藤原帰一・選

あなたと原爆
オーウェル評論集

ジョージ・オーウェル＝著　秋元孝文＝訳

光文社古典新訳文庫

40年間、ジョージ・オーウェルを読んで生きてきた。オーウェルには、共産主義を批判した人だというイメージがあった。代表作は、人間に代わって動物が主人となった農場にロシア革命をなぞらえた『動物農場』、そして全体主義の支配する世界を描く『一九八四年』。学生運動よりも後の世代の私は、オーウェルの全体主義批判に古風なものしか感じなかった。

その印象が変わったのは、英

領ビルマ（ミャンマー）で警察に勤めていたときの経験を踏まえた初期のエッセイ、「象を撃つ」だ。象が市場で暴れている、なんとかしてほしいと求められた「私」が現場に駆けつける。着いたとき象はもう静かになっていたので、撃つまでもないと考えるが、周りの人々は警察官が象を撃つことを期待している。群衆の期待、あるいは圧力に屈した「私」は、象を撃ってしまう。

№.39

あなたと原爆

文章はごく単純で、無駄がなく、頭でっかちなところは何もないが、描かれたものは大きい。馬鹿にされないため、笑われないため、不要であることを知りながら力を行使するほかはない。植民地支配の姿をオーウェルは捉えていた。

いや、植民地支配に限った話ではない。撃つ必要がないと思いながら象を撃つところには、キリストの磔《はりつけ》を命じたピラトが暗喩されている。支配を行う側が支配される側に支配され、それによって自分の自由を失ってしまう逆説は政治権力の本質にほかならない。

オーウェルのキーワードは自由である。「白人が暴君となるとき、かれが破壊するのは自分自身の自由なのだ」と書いたオーウェルは、自由を奪われることを拒み続けた。同時代のサルトルと違って哲学に入ることはなく、他者の自由を奪うこと

№.39

藤原帰一・選

なしに自由はあり得ないなどと極論に向かうこともない。常に実際的かつ現実的に、自由を奪われない社会を考え続けた人だ。

へそ曲がりだった。スペイン内戦でも、オーウェルが加わったのは少数派。大英帝国も保守主義も大嫌いな一方で、ソ連の暴政を見て見ないふりをする同世代のインテリのことが耐えられない。そもそも本人がインテリのくせに、インテリのことが大嫌い。そのへそ曲がりは、晩年のガンジー論にも現れている。

読み続けて四十余年、オーウェルについて書きたいことはまだまだあるが、紙数が尽きた。

（2020年5月23日）

№.40

島田雅彦・選

イエスという男

第二版［増補改訂版］

田川建三＝著

作品社

ゴルゴタの丘で磔刑《たっけい》にされたイエスが瀕死の状態で「エリ、エリ、ラマ、サバクタニ」と呟《つぶや》く場面は受難劇のクライマックスであるが、田川建三は『イエスという男』の中でこの呟きに「神は俺を見捨てやがった」という絶望を感じ取っている。聖書の福音書に描かれているような神格化されたイエス像ではなく、彼が生きた時代の支配関係、社会情勢、ユダヤ教教義などに複合照らし合わせて、

タイトルの通り、二千年前に実在した風変わりな思想家の実像に迫ろうとしたのが本書である。講談調の語り口は坂口安吾の史談にも似ていて、イエスの生涯を間近で傍観するような臨場感に興奮した。

　ユダヤ人の聖なる地を支配し、独立を許さないローマ帝国の圧政下にあって、ヘロデ王の一族はローマの忠犬として民衆を虐《しいた》げる側に立っていた。ユダヤ教の祭司たちはその一族に取り入

№.40

イエスという男

り、権勢を振るい、律法学者は民衆を規則で縛り、資産家は民衆を搾取し、富を独占していた。ローマ帝国をアメリカや中国と置き換えたら、そのまま現代にも通じる設定だ。残酷で救いのない世界に生きる民衆の中からは、神の審判が下されると触れ歩く預言者や帝国に無謀な戦いを挑むテロリストが何人も現れたが、ことごとく処刑された。イエスはそうした先輩たちに続くメシア候補として、三十歳くらいの時に頭角を現した。貧しい者に施し、迷える者を励まし、盲人に光を与え、歩けない者を歩かせ、罪人を許し、死者を生き返らせるなど数々の事績を残し、また目から鱗の皮肉や警句を触れ回った。武器も軍隊もなく、陰謀も工作もなく、情熱と愛によって、世界は変わると信じた。私はクリスチャンではないが、普遍的な生の技法を編み出した「ユダヤ教の異端的思想家」に二千年のタイムラグ

№.40

島田雅彦・選

を超えて共感する。

メシアを信じるか、暴君に騙《だま》されるか？　その二択を迫られ、誰もが迷わず前者を選ぶ国には倫理が根付いている。後者を選ぶ国では、メシアが現れても殺される。権力よりも強く、正しいものがあるとすれば、それは良心である。メシアは死んだが、その良心を受け継いだ異端グループには虐げられた民、異教徒たちが続々と加わり、やがて帝国を席巻した。良心は誰もが持っているが、自由をタダでくれる支配者はいないので、戦って勝ち取るしかない。比較的若い頃にそれを悟ることができたのは『聖書』よりも『イエスという男』のお陰である。

（2020年6月27日）

№.41

中村桂子・選

動物会議

エーリヒ・ケストナー＝作　ヴァルター・トリアー＝絵　池田香代子＝訳

岩波書店

太平洋戦争の敗戦の年に小学四年生。小学校が終わるまで疎開先で過ごすことになり、食べものだけでなく本にも飢える日が続いた。

東京へ戻ってからの手当たり次第の読書でエーリヒ・ケストナーに出会ったのは早くはない。背伸びをしていたので、子どもの本と思って眼を向けなかったのだろう。その後、たまたま図書館で手にとった『ふたりのロッテ』と『動物会議』（一九六二

年・高橋健二訳）に引き込まれ、以来ケストナーとあれば何でも読むことになった。この二冊は、ナチスの迫害が終わって文筆活動が可能になり、食べものもろくにない中で子どものために最初に書いた本であると知り、生意気にも同志意識を抱きもした。『動物会議』は、ライオンとゾウとキリンの一ぱい飲みながらの話から始まる。「あきれたやつらだ！　人間ときたら気持ちよくくらせるのに！」。何でも

№.41

動物会議

できるのに、それでやることときたら「戦争さ！」。腹を立てるライオンに、ゾウは「ぼくはただ人間どもの子どもたちが気のどくなんだよ」と耳をたれる。第二次大戦後四年しかたっていないのに戦争への動きがあり、会議をくり返すだけで結論を出さないのが人間なのだ。

そこで、八七回目の大統領会議と同日に世界中の動物が最初で最後の会議のために集合し、人間に会議は止《や》めて子どもたちのための世界をつくる決議をせよと迫る。それでも動かない人間に業を煮やした動物は、すべての子どもを隠すのだ。

さすがに、動物の提案は受け入れられた。署名したのは国境は存在せず、戦争のない社会づくりをするという条約だが、ここでの具体が面白い。役所と役人と書類だんすを必要最小限度にする。弓と矢で武装した警察が科学と技術が平和に使われる

№.41

中村桂子・選

よう監視する。いちばんよい待遇を受ける役人は教育者とする。教育の目的は悪いことをだらだら続ける心を許さないことだ。

今のお偉い大人たちに実行して欲しいことばかりだ。私が専門とする生命誌は人間が生きものであることを基本に置く社会づくりを考えているのだが、その原点ここにありだ。

とくに動物、つまりケストナーの「子どもたちが気のどくだ」という言葉は、そのまま私の中にある。今の社会をつくってきた当事者の一人として、気のどくだを超えて、「ごめんなさい。もう少しましな社会を渡すよう努めます」と詫びたい。

基本を考えたい時、読み返している。

（2020年8月8日）

№.42

片渕須直・選

楡家《にれけ》の人びと

北杜夫＝著

新潮文庫

自分がそこで暮らしたわけでない時代の中に入りこみ、膨大なディテールにひたるうちに、いつの間にかその時代の空気をまるで自分のもののように感じている。そうした体験を『楡家の人びと』で味わっていたような気がする。最初に読んだのは小学校六年生の頃だった。

東京青山で精神病院「楡脳病科病院」を営む一家の、大正時代から終戦直後までの物語。そ

の冒頭は、家族、職員、入院患者の食事のための大量の飯が真っ白に炊きあがるところから始まる。立ちのぼる湯気、むせ返るような飯の匂い。

やがて三世代目の孫息子が中学生になり、学校で人にぶつかって大量の鼻血を出す、という事件が発生する。むしろ、読者である小学生の自分には日常を感じさせられる出来事なのだが、本の中では息子の血止めに良いからと、母親が鉢いっぱいの苺《いちご》

No.42

楡家の人びと

ゼリーを食べさせる場面がそのあとに続く。これはうらやましくてならない。

物語の後半は戦争の時期となる。かつて鼻血を出した孫息子は陸軍の軍医となっていて、南の島ウエーク島にいる。ここには敵は上陸して来ず、戦いもないまま、ひたすら欠乏と無聊《ぶりょう》の中で過ごすこの人物が思い浮かべるのは、戦争前の時代に食べた物のおもかげだった。天ぷら、ビーフステーキの脂身には辛《から》子《し》をつけ、海老フライには白いソースをかけ、鋤焼《すきやき》、寿司、茶漬け、トンカツにはソースをだぶだぶと。感覚が直接身体に入ってくるような表現。

もとよりこの一家は標準よりも大分裕福なのだが、それにしても、「戦時中は物がなくて、特に食べ物がなくて、あってもまずいものばかりで」とよく語られることの正体を、この本の描

№.42

片渕須直・選

写の端々から自分の内側へ移し替えられていったことは意味深かった。食べ物に限らずとも、文房具屋で買ったゴム手まりをつく感触。箱根登山鉄道の線路の鉄の匂い。こんなにたくさんの味わい、匂い、感触に満ち溢《あふ》れていたのに、それが欠乏へと変わってゆく。戦争中の日々もまた、人々の営みの歴史の一断面なのであり、大きな流れそのものを感じられるなら、「戦争が何を変えたか、何を失わせたか」も、感触として理解できてゆく。

もし「戦争中はこうだった」と話されることがあるなら、いっそ大正時代の軍縮期のことから語り始めてもらうのがよい。それは「どのように」変わっていったか。やがて、「なぜ」変わっていったのだろうと考えるようになるから。

（2020年8月15日）

№.43

高階秀爾・選

陰翳礼讃

谷崎潤一郎＝著

中公文庫

※角川ソフィア文庫からも刊行

文楽芝居の人形が、生身の人間以上に「女らしさ」を感じさせるのは、人形が女の指標を徹底的に排除したからだという『陰翳礼讃《いんえいらいさん》』の文章に接した時、歌舞伎や文楽に熱中していた私は衝撃に近い思いに襲われた。言われてみればなるほど、文楽の舞台で活躍する小春や三勝《さんかつ》が女であることを示すものは、わずかに顔と両手の先だけに過ぎない。肝腎の身体は衣裳で隠されている。つまり闇に

覆われている。その闇のなかにひそかに、しかし確実に女の存在が浮かびあがる。「女らしさ」は、人形本体のものではなく、本体を包み隠す闇から生まれてくる。

　このような美意識は、眼に見える実体のなかにこそ美は宿るとする西欧的美意識とは対極に位置するものである。ギリシャ以来西欧世界で生み出された女性像は、いずれもそれ自体が「美」であることを強く宣言している。「ミロのヴィーナス」は、たとえ砂漠の中に置かれていても、堂々と「美」を主張するであろう。だが文楽人形は何も主張しない。そもそも女であることも隠している。人形の「美」は、観客の心の中に生まれてくる。

西欧の美学では、人間の身体の美は、人体比例や動勢表現など、眼に見える指標によって規定される。つまり視覚の美学である。だが人間存在が闇に隠されている日本では、視覚は遮られて代わりに聴覚、嗅覚、触覚などが大きな役割を果たす。『源氏物語』に登場する女性たちが、どのような容貌、姿態であるかは、ほとんど語られていない。その存在を暗示するのは、琴の音やうたう声、室内の衣《きぬ》ずれの音、漂う香《こう》の匂い、しなやかな黒髪の手触りなどで、それによって女の身体が生々しく甦る。このやり方を自己の創作に応用した時、谷崎文学の頂点が達成

№.43

高階秀爾・選

される。

『盲目物語』は、盲目の語り手が美女お市の姿態と運命を語る話であり、『春琴抄』では盲目の師匠を慕う佐助がその美しさとひとつになるために、自ら眼をつぶす。いずれも視覚の否定による女性美顕現の物語と言ってよい。『盲目物語』の完結は昭和6(1931)年、『春琴抄』はその2年後、そして『春琴抄』完成の年の末に『陰翳礼讃』が書かれた。さらにその2年後に『源氏物語』口語訳という大事業が始まる。谷崎文学が陰翳の美学と深く関わっていることは明らかであろう。

『陰翳礼讃』には、他にも建築、屏風《びょうぶ》絵、工芸品などの陰翳の美が多く挙げられている。小冊子ながら日本的美意識の宝庫である。

(2020年6月20日)

№.44

橋爪大三郎・選

改訂新版

共同幻想論

吉本隆明＝著

角川ソフィア文庫

共同幻想は、上部構造の向こうを張る。自己幻想、対幻想と三対をなし、構造ではなく柔軟な人間精神の内部プロセスのこと。フロイト左派やラカン派よりずっと大きな構えの批判的試みだ。

素材は柳田国男の『遠野物語』と古事記のみ。記紀の描く天皇の像を、権力以前の民俗の心性へと差し戻す。皇国主義の教典『国体の本義』を解体し尽くす意図もあったと想像してよ

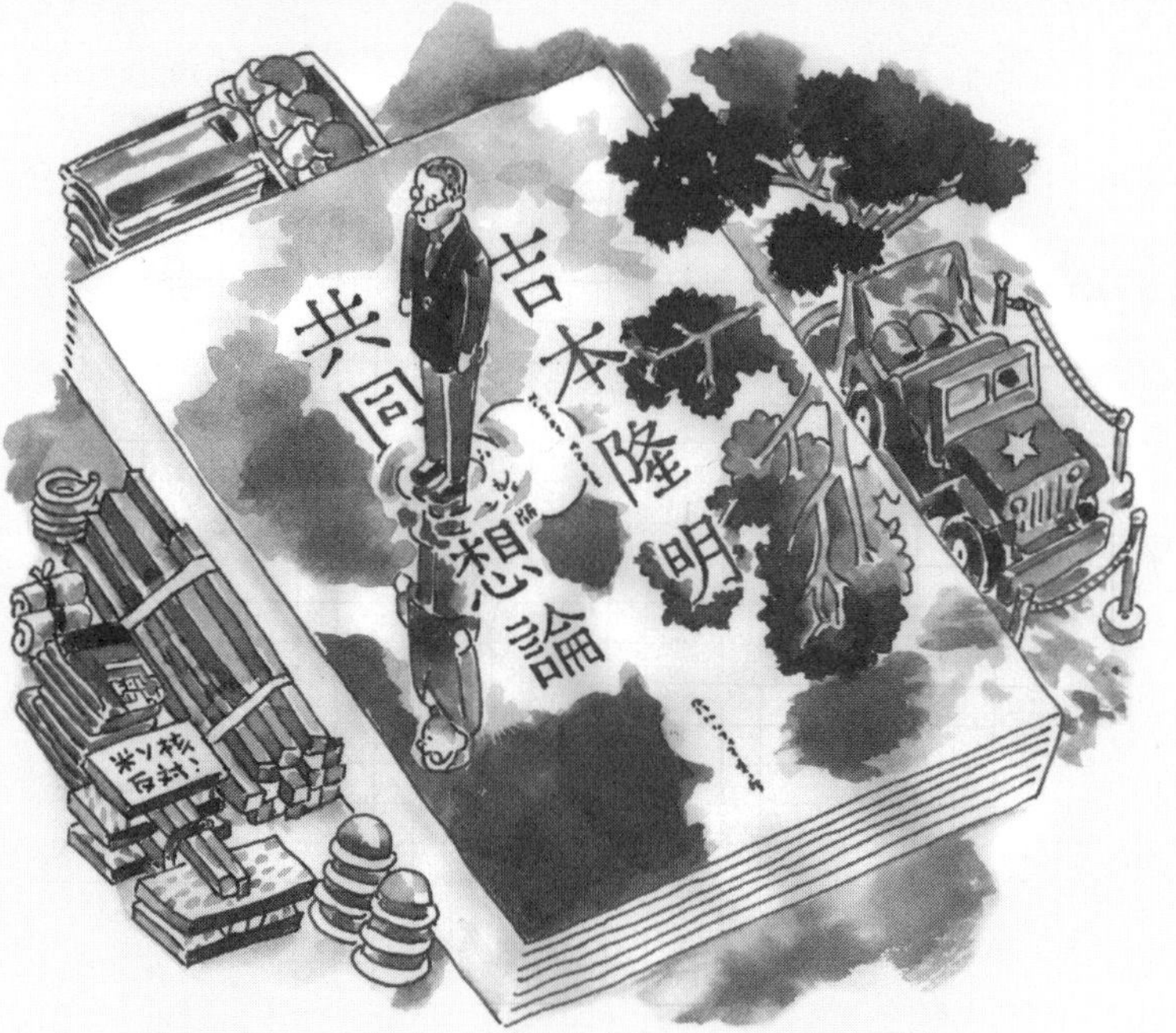

い。

学生らは当時、社会の変革を希求しつつも、ソ連や共産党や新左翼セクトの官僚支配と権力を嫌悪していた。「権力を廃絶する」はずの権力が醜悪な権力になった。権力がなくなる条件は何か。権力の理論を手に入れたい。理論もなく行動に移ればアナキズムに陥るだけ。そんなとき『共同幻想論』は、権力の生成と解除の秘密を量子力学のように教えてくれる書物だと学

№.44

共同幻想論

生らは信じた。

　雑誌『文藝』に連載され、一九六八年に単行本が刊行されるや、友人らはみな読みふけった。対幻想と共同幻想が逆立するというテーゼ。観念が高度化するメカニズムである遠隔対称性。個と性と家族の複合の中から、疎外とよく似たメカニズムで共同幻想（つまり、権力）が立ち上がってくるその理路。汲《く》み取ろうと、目を凝らした。

　法や制度や国家に、権力がかたちをとってからでは手遅れだ。権力が生まれる現場で、戦わなければならない。学生らが学園にこだわり、バリケードでその機能を封じようとしたのは、そんな直感にもとづく。学生らを責めることはできない。化石化しつつあったマルクス主義からこぼれ出た最良の思想的冒険が、『共同幻想論』だったのだから。フランスのポストモダンよりも早くもっと先端的で、しかも日本ローカルな仕事だ。学生らは同時代に、それと共振していたのである。

吉本氏自身、六〇年安保で、共産主義者同盟の蹉跌《さてつ》と限界に苦渋を味わい、孤立無援の単独者として未踏の試行を進めていた。学生からみて、読むに足る数少ない思索者の一人だった。

吉本隆明氏は三島由紀夫氏と同年である。ともに軍国少年期を過ごし、敗戦の洗礼を受け、天皇を隠れた主題として著述を続けた。右と左の双対のような位置から学生の闘争を照らし出した。かつてどれだけ熱量をたたえたものとして『共同幻想論』が読まれたか、半世紀を経たいまの読者が感じるのはむずかしいかもしれない。いまこの書は、マグマが冷えて固まった花崗岩《かこうがん》のように、結晶をきらめかせながら静かに眠っている。

（2020年11月28日）

№.45

山崎正和・選

時間と自由

ベルクソン=著　中村文郎=訳

岩波文庫

この本を最初に読んだのは、昭和20年代末、10代の終わりのころであった。私は学部の卒業論文を書いていて、その主題がこの本を重要な先行研究とするものだったからである。原題は『意識に直接に与えられたものについての試論』、著者の序言の表明を受けて、世界中で『時間と自由』と翻訳されることになったらしい。卒論の資料だからたどたどしいフランス語で読んだのだが、助けを仰い

だのは当時の服部紀訳の岩波文庫版だったと思う。

読後の第一印象は驚天動地、文字通り目の覚める思いだった。常識で知る時間の観念を完全に覆し、時間の真の姿を生き生きと実感させる本であった。時間とは時計の針が刻む等間隔の長さの集合ではなく、量の比較を許さない純粋に質的な感触として現れる。時間は流れであり運動であって、弾みつづける力動感の持続である。それは生命そ

№.45

時間と自由

のものの流れだから、止めて分析しようとすれば、解剖された生命体のように死んでしまう。

嬉しいことに、この考え方は私の素朴な時間感覚をぴたりと裏付けてくれた。実感によると、時計の計量とは関係なく、潑《はっ》剌《らつ》と緊張した時間は速く流れ、退屈に弛《し》緩《かん》した時間は遅く流れる。持続とは弾みあがる緊張のことだというベルクソンは、この実感こそが時間の本来の姿だと喝破してくれたのである。

意表を突くのは、彼の自由論であった。人間、不自由なのは空間のなかで、たえず岐路に立って選択を強いられているからである。純粋持続に身を任せて、現在の一瞬がつねに次の瞬間を先取りしているような流動、選択の余地ない流れを生きていれば、はなから自由・不自由の問題はありえないというのである。

№.45

山崎正和・選

卒論提出から六十余年、私はベルクソンを座右の師として、これを乗り越えることを夢見つづけてきた。2018年、長編評論『リズムの哲学ノート』(中央公論新社)を上梓《じょうし》することができたが、これも前半、純粋持続の哲学と格闘することから始まっている。思えば一人の思想家の一つの着想が、遠国の一学生の生涯を魅了したのは稀有《けう》の奇縁だろう。だがそれをいえば、純粋持続はその発案者その人の心を捉え、80年の著作活動の最後まで放すことがなかった。『物質と記憶』『創造的進化』など、旺盛な筆力を見せたベルクソンだが、その主題は一貫して同じであった。こういう奇蹟のような着想だけに、哲学に無縁な読者にも一見をお薦めしたいと思う。

(2020年4月18日)

№.46

西垣通・選

我と汝・対話

マルティン・ブーバー＝著　植田重雄＝訳

岩波文庫

「我と汝」をはじめて手に取ったのは半世紀近く前のことだ。私は当時、コンピューターの開発でいそがしい企業研究者だったのだが、巻頭からすっかり魅了されてしまった。ユダヤ系知識人の書いたとても難しそうな宗教哲学書なのに、明快で、まっすぐ胸の奥まで言葉が響いてくる。稀有《けう》の本だと直感した。

広く流布しているのは岩波文庫版だが、愛読したのは創文社

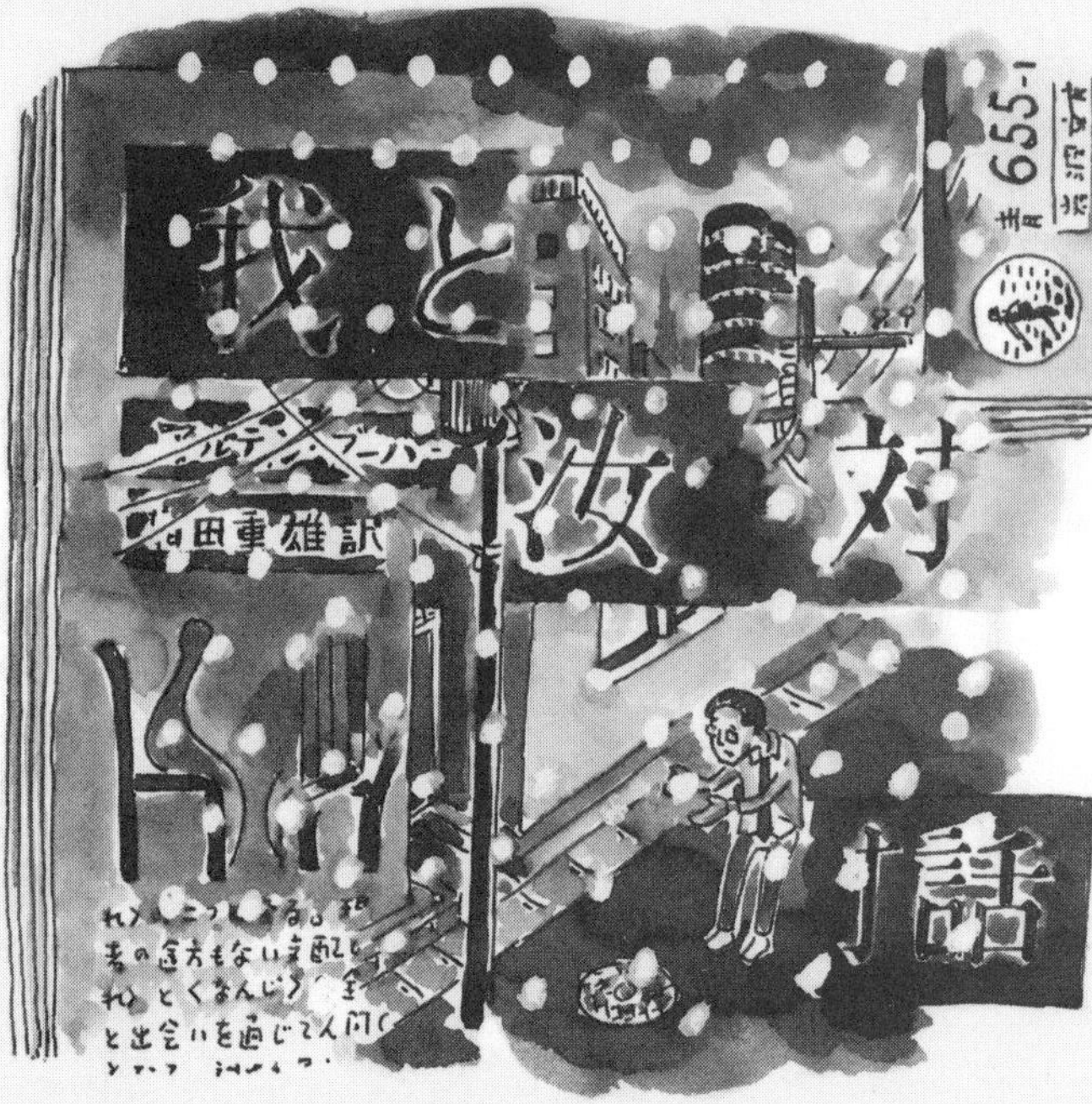

刊行の野口啓祐訳のほうで、邦題は「孤独と愛」という。何と昭和の香りがする書名ではないか……。今の若者はこんな野暮なタイトルの本は買わないだろう。けれど実は、孤独も愛も決して消えたわけではなく、現代社会のあちこちの片隅で、切れぎれにあえいでいる。

　原題は「我と汝（Ich und Du）」だ。ドイツ語の「Du」はここでは、君とかお前ではなく「なんじ」と訳さなくてはならない。

№.46

我と汝・対話

全身全霊をかたむけ、愛する相手に呼びかける言葉が「なんじ」なのだ。われとなんじの「関係」がもっとも根源的であり、「なんじ」があってこそ「われ」がある。われとなんじの関係が世界をつくる基底なのだ。

そういう著者の主張は、孤立した「われ」が世界を認識し分析するという、近代の科学的思考とはまったく異なっている。とはいえ、そういう近代的思考が誤っているわけではない。なんじは「それ」に転化し、「われとなんじ」からやがて「われとそれ」の関係が生みだされる。「それ」は時間と空間の網目のなかに位置づけられ、利用することができる客観的な対象なのだ。「われとなんじ」と「われとそれ」は、いずれも大切な関係であり、人間はそういう二重性のなかで生きている。

だがしかし、と著者は警告する。近代人は、もっとも根源的な「なんじ」との出会いを見失いつつあるのではないか、と。確かに人間は「それ」なくしては生きられない。とはいえ「それ」のみで生きる者は真の人間ではないのである……。

「我と汝」が書かれたのは一九二三年だが、著者はすでに百年前、現在のデジタル世界を予感していたように思える。人工知能も脳科学も、扱えるのは「それ」だけで、「なんじ」とは無縁な存在だ。だが両者は世界の説明原理と見なされ、人間はますます正札付き機械部品と化していく。

そんな状況のもとでも、われわれは孤独や愛を忘れ去ることはできない。なぜなら、「生きる」とはそういうことだからだ。

（２０２０年12月12日）

№.47

佐藤優・選

世界の共同主観的存在構造

廣松渉＝著

岩波文庫

私が同志社大学神学部の2回生のとき（1980年）、神学部自治会（ノンセクトの新左翼系）の友人、滝田敏幸君（千葉県議会議員・自民党）、大山修司君（日本基督教団膳《ぜ》所《ぜ》教会牧師）たちと読書会を行い熱中して読んだ本だ。京都の新左翼系学生たちの間で、廣《ひろ》松《まつ》渉《わたる》氏の著作は古典的地位を占めていた。ただし、私たち神学生は廣松氏の著作を革命論としてではなく、無神論の教科書として

読んだ。逆説的だが、私たちはこの本を精読することによってイエス・キリストという人間になった神の存在に対する確信を強めるようになった。廣松氏は縄を蛇と勘違いした人の例を挙げる。

〈さて、「友人が縄を蛇として錯視している」「彼は私が彼の錯覚を察知したことに気付いている」という二様の意識事態において、反省的にとらえかえせば、能知的な主体はいずれも私

№.47
世界の共同主観的存在構造

である。とはいえ、再確認するまでもなく、私としての私にとっては縄はあくまでも縄であり、友人にとってはそれは端的に蛇なのであるから、蛇としての錯視ということは、私が友人の立場を観念的に扮技《ふんぎ》しつつしかも自己にとどまっている bei sich sein かぎりで、すなわち〃彼としての私〃にとってのみ覚識される事態である。また「彼は察知されたことに気付いている」と覚識する場合にも、謂《い》うところの彼は、反省的には同じく〃彼としての私〃ないしは〃私としての彼〃であって、単なる私ではない〉

誰かが神がいると信じていても、逆に神がいないと信じていても、他者はそれを錯認と考えることができるという以上のことは言えないのである。要はどのような主観が共有されているかだ。「神という作業仮説を信じながら進んでいこう」という

№.47

佐藤優・選

コンセンサスが神学生の間で出来た。これが廣松哲学の正しい解釈であったかどうかはよくわからない。しかし、この本を読むことで私は自らのキリスト教信仰を強めることができた。

2002年、鈴木宗男事件に連座して東京地検特捜部に逮捕され、東京拘置所の独房に勾留されているとき、弁護士に頼んで『廣松渉著作集』(全16巻・岩波書店)を差し入れてもらった。久しぶりに『世界の共同主観的存在構造』を読み返しながら、神学生時代のことを思い出した。滝田君が、私が逮捕された日に「佐藤優支援会」を立ち上げ、神学部時代の友人や教師たちがリスクを負って私を支えてくれた。学生時代に構築された共同主観性は生涯維持されるのだと獄中で実感した。

(2021年1月9日)

№.48

永江朗・選

自動車の社会的費用

宇沢弘文＝著

岩波新書

ひさしぶりに本棚の奥からこの本を取り出して開いたら、映画「気狂いピエロ」の半券が挟まっていた。なつかしい！

はじめて読んだのは20歳の夏だった。アルバイト先の先輩から強くすすめられたのだ。徹夜して読んで、こういう考え方があるのかと驚いた。ものの見方が変わる快感で嬉しくなると同時に、世の中のひどさに気づいて腹が立った。

難しい経済学の話も出てくるが、書かれていることはシンプルだ。自動車に必要な費用は車両代とガソリン代だけではない。道路を作って維持するのにもお金がかかっているし、交通事故や大気汚染などの公害、環境破壊などで失われるものも多い。ところがそれらの費用のほとんどは、自動車の持ち主ではなく第三者が負担している。大雑把にいうと、こういうことだ。

仮に東京の道路を「市民の基

№.48

自動車の社会的費用

本的権利を侵害しないような構造をもった」ものに変えるとするならば、と宇沢弘文は試算する。その額は自動車1台につき年に約200万円。この本が出た1974年は、国家公務員の大卒初任給が7万円ぐらいで、トヨタのカローラは60万円弱だった時代だ。その200万円は自動車の持ち主が負担すべきなのに、他人に押しつけている。一部は税金から道路の建設費用などのかたちで、そして残りは環境の悪化や事故の危険性などのかたちで。このような仕組みのなかで、自動車産業は発達してきた。

いやいや、空気が汚れても、交通事故が起きても、自動車がもたらす便益の大きさに比べればたいしたことはない、と考える人もいるだろう。だが、そうしたコスト・ベネフィット分析の危うさについても宇沢は指摘している。迷惑施設はコストを

№.48

永江朗・選

下げるために所得の低い地域に押しつけられがち。格差・差別ともつながる。

『自動車の社会的費用』という書名ではあるが、さまざまなものに応用可能だ。10年前に東京電力福島第1原発が大事故を起こしたときも、ぼくはこの本を思い出した。首都圏で使う電力なのに、原発は地価が安くて人口の少ない東北の福島に押しつけられた。地震が起きて津波が来て、原発の社会的費用は天文学的な金額になることが明らかになった。

便利そうなもの、魅力的に見えるものは、社会的費用という観点でよく吟味する必要がある。リニア新幹線の社会的費用とか、オリンピックの社会的費用とか。怪しいものはたくさんある。

（2021年1月16日）

№.49

中西寛・選

ボッコちゃん

星新一＝著

新潮文庫

本欄でとり上げる本について担当者に候補を伝えたところ、星新一がこれまで登場していないのは意外でしたと反応されて少々驚いた。私より一回り強若い担当者からそういう疑問がでるほど広い年齢層に星新一は読まれていたのだと改めて気づかされた。

本書はショートショート、つまり超短編小説の第一人者だった星新一が、初めての文庫として選んだ自選短編集である。星

については最相葉月氏の行き届いた評伝がある（『星新一　一〇〇一話をつくった人』、新潮文庫、上・下巻）。その中でも1970年代後半には、星新一が大学生や高校生にいかに読まれていたかについての紹介がある。確かに高校生だった私が星新一を初めて手に取ったのも、さしたる理由なく周りも読んでいたからだったと思う。

それほど読まれていたのに星新一は忘れられているのか。い

№.49

ボッコちゃん

やそれは間違いで、彼の著作の多くは今でも出版中だし、全集や選集も刊行されている。英語版をはじめ翻訳もあり、今でも世界中で読者は多いはずだ。

むしろ星新一とその作品は、多くの読者がいた時代から日本社会にとって空気のような存在として定着していたのかもしれない。短く、平易な筆致で淡々と描かれるので小学生でも読めるが、内容は時に毒を含んだ文明批評をウイットを込めたプロットで数ページにまとめるという高度に知的な作品だ。本書の解説で筒井康隆氏が書いているが、この作家をきちんと批評するには多大な知性が必要なのだろう。

時代性を極力抑えている抽象度の高い作品が多いので、古さを感じることなく、むしろ今の時代の方が現実感がある。表題作ではバーで働くアンドロイドが登場するが、ロボット接客は

№.49

中西寛・選

現実になりつつあるし、深い穴が題材の「おーい　でてこーい」は核廃棄物のような厄介者や底なしの政府債務など色々な比喩に使えそう。「人口減少の行きつく先を描いた「最後の地球人」」のディストピアは昭和より令和の日本にふさわしい。

戦後昭和を象徴するイベントだった東京五輪を再現してあの時代の熱気を取り戻そうとの希望だか野心だかは頓挫した。たとえ今夏に五輪が開催されても昭和とは違う静かな大会になるだろう。閉塞状況の今こそ、独特の距離感で社会を観察し、深い洞察をユーモアで表現した作品群を読み返すのは悪くない時間の過ごし方ではないか。

（2021年2月13日）

武田徹・選

増補新版

チェ・ゲバラ
モーターサイクル南米旅行日記

エルネスト・チェ・ゲバラ＝著　棚橋加奈江＝訳

現代企画室

なつかしい本として真っ先に思い浮かべたのが本書だった。キューバ革命で活躍するゲバラは23歳の時に南米大陸を北上縦走する長い旅行をしている。その時に綴《つづ》られた日記だ。

道連れは少し年長の友人アルベルト・グラナード。二人はポデローサ（「強力」という意味のスペイン語）Ⅱ号と命名した一台のバイクにまたがって1952年1月4日にブエノスアイレスを出発した。いきあたりばっ

たりの旅はトラブルの連続だったが、見聞きすることのすべてが新鮮で、ゲバラの筆致は生き生きと躍動している。

そんな旅行記を再読して自分の勘違いに気づいた。邦訳初版は97年の刊行だから、初読時の筆者は既に不惑の年齢に近づいていたことになる。にもかかわらず、青春の真《ま》っ只中《ただなか》で出会った気がしていたのだ。錯覚の理由はこの冒険旅行記が読者の心を鷲《わし》摑《づか》みにし、ゲバラと一心同体となって23歳の若者として旅を続けている気分にさせるからに他ならない。

悪路を突っ走るポデローサⅡ号は転倒のたびに針金で修理されていたが、チリに入ってついに息絶える。後は密航とヒッチハイクが主な移動手段となり、バイク好きの筆者は少々がっかりしたが、後半には別のテーマが浮上してくる。実はグラナードは嫌気がさして病院を辞めた浪人中の医師だったし、ゲバラは休学中の医学生だった。ペルーのハンセン病療養所を訪ねた二人は患者たちと交わるなかで医師の理想像を追い求めるようになる。

日記の事後談となるが、旅を終えたグラナードはベネズエラに留《とど》まる。アルゼンチンに戻って復学し、医師の資格を得たゲバラはハンセン病施設で一緒に働こうとグラナードのもとに駆

№.50

武田徹・選

けつけようとするが、その途上で中南米諸国の支配をもくろむアメリカの資本主義経済や政治と戦う道へと人生の進路を変える。

２００４年刊行の増補新版には革命後のキューバでのゲバラの演説「医師の任務について――私はすべてを旅で学んだ」が巻末に収録されている。そこでゲバラは医学の革命を望むには先に革命家になる必要があったと述べる。革命という言葉はいかめしいが、社会を変えなければ医学を正しく生かせないという意味だと考えれば、専門家の声に政府が耳を傾けないので感染を抑えきれないコロナ禍の日本の現状にも見事に該当する言葉ではないか。こうして新たな発見も伴った「なつかしい一冊」との再会となったのだ。

（２０２１年３月13日）

執筆者紹介

1　物語が教えてくれた

池澤夏樹（いけざわ・なつき）
一九四五年生まれ。作家、詩人。一九八八年、「スティル・ライフ」で第九十八回芥川賞受賞。著書に『マシアス・ギリの失脚』『アトミック・ボックス』『ハワイイ紀行』など多数。池澤春菜との共著に『ぜんぶ本の話』がある。

益田ミリ（ますだ・みり）
一九六九年生まれ。イラストレーター。著書に『今日の人生』『美しいものを見に行くツアーひとり参加』『沢村さん家のこんな毎日』など多数。絵本『はやくはやくっていわないで』（共著・ミシマ社）で第五十八回産経児童出版文化賞を受賞。

江國香織（えくに・かおり）
一九六四年生まれ。作家。二〇〇四年、『号泣する準備はできていた』で第百三十回直木賞受賞。著書に『きらきらひかる』『ぼくの小鳥ちゃん』『彼女たちの場合は』『去年の雪』など多数。

河瀬直美（かわせ・なおみ）
映画作家。奈良を拠点に映画を創り続ける。一貫したリアリティの追求による作品は、カンヌ映画祭をはじめ国内外で高い評価を受ける。東京２０２０オリンピック公式映画監督、２０２５年大阪・関西万博のプロデューサー兼シニアアドバイザーを務める。

小川洋子（おがわ・ようこ）
一九六二年生まれ。作家。一九九一年、「妊娠カレンダー」で第百四回芥川賞受賞。著書に『冷めない紅茶』『博士の愛した数式』『ミーナの行進』『猫を抱いて象と泳ぐ』『ことり』『小箱』など多数。

中島京子（なかじま・きょうこ）
一九六四年生まれ。作家。出版社勤務、ライターを経て、二〇〇三年、『ＦＵＴＯＮ』でデビュー。二〇一〇年、『小さいおうち』で第百四十三回直木賞受賞。著書に『平成大家族』『長いお別れ』『樽とタタン』『夢見る帝国図書館』など多数。

落合恵子（おちあい・けいこ）
一九四五年生まれ。作家。文化放送でアナウンサーとして活躍後、作家活動に入る。一九七六年には児童書専門店「クレヨンハウス」を開店。著書に『母を歌う子守歌』『泣きかたをわすれていた』『明るい覚悟　こんな時代に』など多数。

永井愛（ながい・あい）
一九五一年生まれ。劇作家・演出家。一九八一年、「二兎社」を結成、公演活動の拠点にしている。一九九八年、『ら抜きの殺意』で第一回鶴屋南北戯曲賞、二〇一五年、『鷗外の怪談』で芸術選奨文部科学大臣賞。著書に『書く女』『ザ・空気』など。

持田叙子（もちだ・のぶこ）
一九五九年生まれ。近代文学研究者。二〇〇九年、『荷風へようこそ』で第三十一回サントリー学芸賞受賞。著書に『折口信夫、独身漂流』『泉鏡花、百合と宝珠の文学史』『折口信夫　秘恋の道』など。

村上陽一郎（むらかみ・よういちろう）
一九三六年生まれ。科学史家、科学哲学者。一九八五年、『ヒューマンサイエンス』（全五巻、石井威望・小林登・清水博共編）で第三十九回毎日新聞出版文化賞受賞。著書に『科学者とは何か』『あらためて教養とは』『死ねない時代の哲学』など多数。

荒川洋治（あらかわ・ようじ）
一九四九年生まれ。現代詩作家。一九七六年、詩集『水駅』で第二十六回H氏賞、二〇〇四年、『忘れられる過去』で第二十回講談社エッセイ賞、二〇〇六年、『文芸時評という感想』で第五回小林秀雄賞受賞。著書に『空中の茱萸』『心理』『読書の階段』『文学は実学である』など多数。

柚木麻子（ゆずき・あさこ）
一九八一年生まれ。作家。二〇〇八年、「フォーゲットミー、ノットブルー」で第八十八回オール讀物新人賞、二〇一五年、『ナイルパーチの女子会』で第二十八回山本周五郎賞受賞。著書に『終点のあの子』『ランチのアッコちゃん』『伊藤くんA to E』『マジカルグランマ』など多数。

川本三郎（かわもと・さぶろう）
一九四四年生まれ。評論家。著書に『大正幻影』『荷風と東京』『林芙美子の昭和』『『細雪』とその時代』『映画のメリーゴーラウンド』『東京は遠かった　改めて読む松本清張』など多数。

中野京子（なかの・きょうこ）

作家、独文学者。美術やオペラについてのエッセイを数多く発表、二〇〇七年に刊行された『怖い絵』は大きな反響を呼んだ。著書に『怖い絵』シリーズ、『名画で読み解く 12の物語』シリーズ、『名画の謎』シリーズなど多数。

太田省一（おおた・しょういち）
社会学者・文筆家。テレビ番組の歴史、アイドルや歌番組、ドラマなどをテーマに執筆活動を展開。著書に『攻めてるテレ東、愛されるテレ東』『芸人最強社会ニッポン』『SMAPと平成ニッポン』『中居正広という生き方』『木村拓哉という生き方』『紅白歌合戦と日本人』など。

田中優子（たなか・ゆうこ）
一九五二年生まれ。江戸文化研究者。二〇〇一年、『江戸百夢』で第二十三回サントリー学芸賞、第五十一回芸術選奨文部科学大臣賞受賞。二〇一四年より二〇二一年まで法政大学総長。著書に『江戸の想像力』『江戸はネットワーク』『きもの草子』など多数。

あさのあつこ
一九五四年生まれ。作家。一九九七年、『バッテリー』で第三十五回野間児童文芸賞受賞。著書に『THE MANZAI』『NO.6』『ガールズ・ブルー』『弥勒の月』『えにし屋春秋』『花下に舞う』など多数。

小島ゆかり（こじま・ゆかり）
一九五六年生まれ。歌人。大学在学中に作歌を開始。一九七八年にコスモス短歌会に入会、宮柊二に師事する。二〇〇〇年、『希望』で第五回若山牧水賞、二〇〇六年、『憂春』で第四十回迢空賞受賞。著書に『泥と青葉』『馬上』『六六魚』など。

養老孟司（ようろう・たけし）
一九三七年生まれ。解剖学者。東京大学教授、北里大学教授、大正大学客員教授を歴任。著書に『唯脳論』『身体の文学史』『バカの壁』『虫は人の鏡』など多数。

2 道に迷ったときに

角田光代（かくた・みつよ）
一九六七年生まれ。作家。二〇〇五年、『対岸の彼

執筆者紹介

女』で第百三十二回直木賞受賞。著書に『キッドナップ・ツアー』『空中庭園』『八日目の蟬』『紙の月』『笹の舟で海をわたる』『銀の夜』など多数。

堀江敏幸（ほりえ・としゆき）
一九六四年生まれ。作家。二〇〇一年、『熊の敷石』で第百二十四回芥川賞受賞。著書に『おぱらばん』『雪沼とその周辺』『河岸忘日抄』『なずな』『傍らにいた人』など多数。

加藤陽子（かとう・ようこ）
一九六〇年生まれ。歴史学者。二〇〇九年に刊行した『それでも、日本人は「戦争」を選んだ』で第九回小林秀雄賞受賞。著書に『満州事変から日中戦争へ』『戦争を読む』『戦争まで　歴史を決めた交渉と日本の失敗』『天皇と軍隊の近代史』など。

若松英輔（わかまつ・えいすけ）
一九六八年生まれ。批評家。二〇一六年、『叡知の詩学　小林秀雄と井筒俊彦』で第二回西脇順三郎賞、二〇一九年、『小林秀雄　美しい花』で第十六回蓮如賞受賞。著書に『魂にふれる　大震災と、生きている死者』『悲しみの秘義』『読書のちから』など。

中村吉右衛門（なかむら・きちえもん）
一九四四年生まれ。歌舞伎役者。母方の祖父・初代中村吉右衛門の養子となり四歳で初舞台。一九六六年に二代目中村吉右衛門を襲名。二〇〇二年芸術院会員。二〇一一年重要無形文化財保持者（人間国宝）に認定。二〇一七年文化功労者に選出された。

髙村薫（たかむら・かおる）
一九五三年生まれ。作家。一九九三年、『マークスの山』で第百九回直木賞、一九九八年、『レディ・ジョーカー』で第五十二回毎日出版文化賞、二〇一七年、『土の記』で第七十回野間文芸賞、第四十四回大佛次郎賞、第五十九回毎日芸術賞受賞。著書に『神の火』『新リア王』『晴子情歌』『我らが少女A』など。

斎藤真理子（さいとう・まりこ）
韓国語翻訳者。訳書に『82年生まれ、キム・ジヨン』（チョ・ナムジュ）『回復する人間』（ハン・ガン）『もう死んでいる十二人の女たちと』（パク・ソルメ）など多数。『カステラ』（ヒョン・ジェフンとの共訳）で第一回日本翻訳大賞受賞。

山内マリコ（やまうち・まりこ）

執筆者紹介

一九八〇年生まれ。作家。二〇〇八年、「十六歳はセックスの齢」で第七回R-18文学賞を受賞し、デビュー。著書に『ここは退屈迎えに来て』『さみしくなったら名前を呼んで』『あのこは貴族』『あたしたちよくやってる』など。

土屋賢二（**つちや・けんじ**）
一九四四年生まれ。哲学者・エッセイスト。お茶の水女子大学名誉教授。著書に『ツチヤ教授の哲学講義』『あたらしい哲学入門』『われ笑う、ゆえにわれあり』『ツチヤの貧格』『日々是口実』など多数。

ペリー荻野（**ぺりー・おぎの**）
一九六二年生まれ。コラムニスト。テレビや時代劇を中心に執筆活動を展開。著書に『チョンマゲ天国　時代劇が止まらない』『ちょんまげだけが人生さ』『ナゴヤ帝国の逆襲』『バトル式歴史偉人伝』『テレビの荒野を歩いた人たち』など。

津村記久子（**つむら・きくこ**）
一九七八年生まれ。作家。二〇〇六年、『君は永遠にそいつらより若い』でデビュー。「ポトスライムの舟」で第百四十回芥川賞受賞。著書に『ミュージック・ブレス・ユー!!』『ワーカーズ・ダイジェスト』『この世にたやすい仕事はない』『つまらない住宅地のすべての家』など。

行定勲（**ゆきさだ・いさお**）
一九六八年生まれ。映画監督。一九九七年、『OPEN HOUSE』で長編映画初監督。監督作品に『世界の中心で、愛をさけぶ』『春の雪』『劇場』など多数。二〇二〇年にはYouTubeLiveで短編映画『きょうのできごと　a day in the home』などを配信し、話題を呼んだ。

山田美保子（**やまだ・みほこ**）
一九五七年生まれ。放送作家、コラムニスト。TBSキャスタードライバーを経て放送作家となり、『恋のから騒ぎ』などの番組制作に携わる。著書に『オバダス』『日本一のダマされ上手　山田美保子の全お買い物』など。テレビ番組のコメンテーターとしても活躍中。

田中里沙（**たなか・りさ**）
一九六六年生まれ。事業構想大学院大学教授・学長。株式会社宣伝会議取締役。さまざまな広告賞の審査

執筆者紹介

員や行政・企業の広報宣伝アドバイザーなどもつとめる他、テレビ番組のコメンテーターとしても活躍中。

水谷修（**みずたに・おさむ**）
一九五六年生まれ。教育評論家。高校教師時代、夜の繁華街をパトロールする「夜回り先生」と呼ばれ、著名に。現在、水谷青少年問題研究所所長をつとめる。著書に『夜回り先生』『夜回り先生いのちの授業』『約束』『壊されゆく子どもたち』など。

瀧浪貞子（**たきなみ・さだこ**）
一九四七年生まれ。日本古代史学者。京都女子大学名誉教授。著書に『平安建都』『最後の女帝　孝謙天皇』『帝王聖武　天平の勁き皇帝』『女性天皇』『奈良朝の政変と道鏡』『光明皇后　平城京にかけた夢と祈り』『持統天皇　壬申の乱の「真の勝者」』など。

辛酸なめ子（**しんさん・なめこ**）
一九七四年生まれ。漫画家、コラムニスト。大学在学中より創作活動を開始。雑誌やWEBなどさまざまな媒体で執筆活動を展開。著書に『女子校育ち』『電車のおじさん』『無心セラピー』『新・人間関係のルール』など多数。

佐伯一麦（**さえき・かずみ**）
一九五九年生まれ。作家。一九八四年、「木を接ぐ」でデビュー。一九九一年、『ア・ルース・ボーイ』で第四回三島由紀夫賞受賞。著書に『鉄塔家族』『ノルゲ』『渡良瀬』『山海記』など。

3　世界をみつめる

小島慶子（**こじま・けいこ**）
一九七二年生まれ。エッセイスト。TBSアナウンサーとして数多くのテレビ、ラジオに出演。独立後はメディアへの出演及び講演、執筆活動を行っている。著書に『解縛《げばく》』『るるらいらい　日豪往復出稼ぎ日記』『わたしの神様』『ホライズン』、編著に『さよなら！　ハラスメント』、共著に『足をどかしてくれませんか。』など。

藤原帰一（**ふじわら・きいち**）
一九五六年生まれ。政治学者。二〇〇五年、『平和のリアリズム』で第二十六回石橋湛山賞受賞。著書に

『戦争を記憶する　広島・ホロコーストと現在』『デモクラシーの帝国　アメリカ・戦争・現代世界』『不安定化する世界　何が終わり、何が変わったのか』など。

島田雅彦（しまだ・まさひこ）
一九六一年生まれ。作家。一九八三年、『優しいサヨクのための嬉遊曲』でデビュー。二〇一六年、『虚人の星』で第七十回毎日出版文化賞、二〇二〇年、『君が異端だった頃』で第七十一回読売文学賞受賞。著書に『彼岸先生』『彗星の住人』『悪貨』など多数。

中村桂子（なかむら・けいこ）
一九三六年生まれ。理学博士。国立予防衛生研究所、三菱化成生命科学研究所、早稲田大学人間科学部教授、東京大学客員教授、JT生命誌研究館館長などを歴任。著書に『自己創出する生命』『科学者が人間であること』『生命の灯となる49冊の本』など多数。

片渕須直（かたぶち・すなお）
一九六〇年生まれ。アニメーション映画監督。代表作として『アリーテ姫』、『マイマイ新子と千年の魔法』。二〇一六年に発表した『この世界の片隅に』は国内外で高い評価を得て、エピソードを加えた新しい映画『この世界の（さらにいくつもの）片隅に』の制作につながった。

高階秀爾（たかしな・しゅうじ）
一九三二年生まれ。美術評論家。東京大学名誉教授、大原美術館館長。著書に『世紀末芸術』『名画を見る眼』『ルネッサンスの光と闇』『ルネッサンス夜話』『ニッポン現代アート』『日本人にとって美しさとは何か』など多数。

橋爪大三郎（はしづめ・だいさぶろう）
一九四八年生まれ。社会学者。東京工業大学名誉教授。著書に『はじめての構造主義』『橋爪大三郎コレクションⅠ〜Ⅲ』『教養としての聖書』『丸山眞男の憂鬱』『小林秀雄の悲哀』『皇国日本とアメリカ大権』など多数。

山崎正和（やまざき・まさかず）
一九三四年生まれ。劇作家、評論家。一九六三年、『世阿弥』で第九回岸田國士賞、一九七三年に『鷗外　闘う家長』、一九八五年に『オイディプス昇天』で、それぞれ第二十四回、第三十六回読売文学賞受賞。

執筆者紹介

著書に『劇的なる精神』『社交する人間』『哲学漫想』など多数。二〇二〇年八月、逝去。

西垣通（**にしがき・とおる**）
一九四八年生まれ。情報学者。東京大学名誉教授。一九九一年、『デジタル・ナルシス』で第十三回サントリー学芸賞受賞。著書に『こころの情報学』『ビッグデータと人工知能』など。また『１４９２年のマリア』などの小説作品もある。

佐藤優（**さとう・まさる**）
一九六〇年生まれ。作家。外務省勤務ののち、作家活動を開始。二〇〇五年、『国家の罠』で第五十九回毎日出版文化賞、二〇〇六年、『自壊する帝国』で第五回新潮ドキュメント賞と第三十八回大宅壮一ノンフィクション賞受賞。著書に『獄中記』『共産主義を読みとく　いまこそ廣松渉を読み直す『エンゲルス論』ノート』など多数。

永江朗（**ながえ・あきら**）
一九五八年生まれ。ライター。洋書店勤務を経て、執筆活動を開始。著書に『批評の事情』『そうだ、京都に住もう。』『「本が売れない」というけれど』『茶室がほしい。』『私は本屋が好きでした　あふれるヘイト本、つくって売るまでの舞台裏』など多数。

中西寛（**なかにし・ひろし**）
一九六二年生まれ。政治学者。二〇〇三年、『国際政治とは何か　地球社会における人間と秩序』で第四回読売・吉野作造賞受賞。著書に『戦後日本外交史』『日米関係史』（以上共著）、『歴史の桎梏を越えて　20世紀日中関係への新視点』（共編著）など。

武田徹（**たけだ・とおる**）
一九五八年生まれ。評論家。二〇〇〇年、『流行人類学クロニクル』で第二十二回サントリー学芸賞受賞。著書に『偽満州国論』『デジタル社会論』『戦争報道』『日本語とジャーナリズム』『日本ノンフィクション史』など多数。

初出
「毎日新聞」
2020年4月4日～
2021年4月10日

装丁
寄藤文平＋古屋郁美（文平銀座）

わたしのなつかしい一冊《いっさつ》

印刷　二〇二一年七月二〇日
発行　二〇二一年八月五日

編者　池澤夏樹《いけざわなつき》
絵　寄藤文平《よりふじぶんぺい》
発行人　小島明日奈
発行所　毎日新聞出版
〒一〇二－〇〇七四
東京都千代田区九段南一－六－一七
千代田会館五階
営業本部　〇三－六二六五－六九四一
図書第一編集部　〇三－六二六五－六七四五

印刷・製本　光邦

ISBN 978-4-620-32693-1